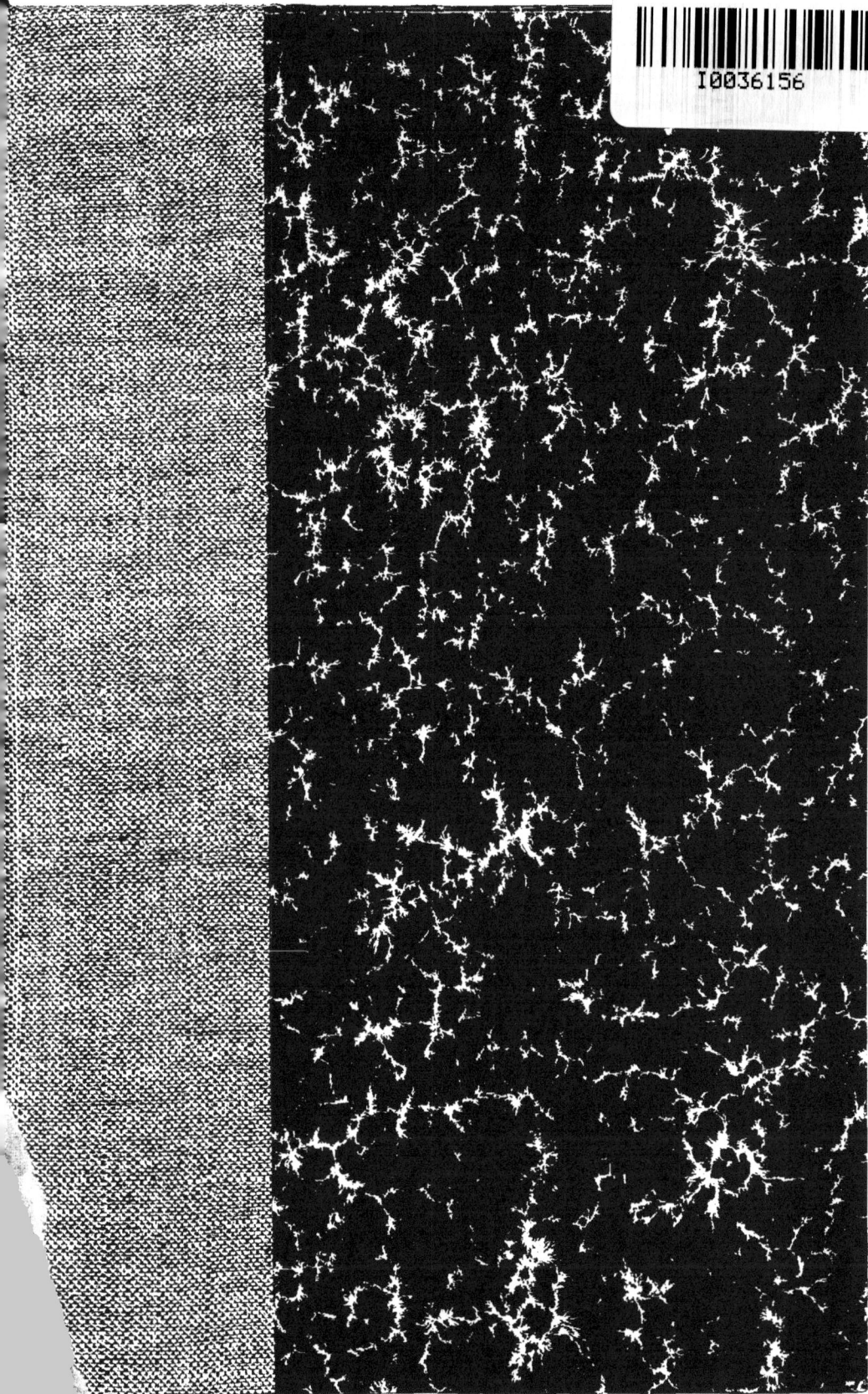

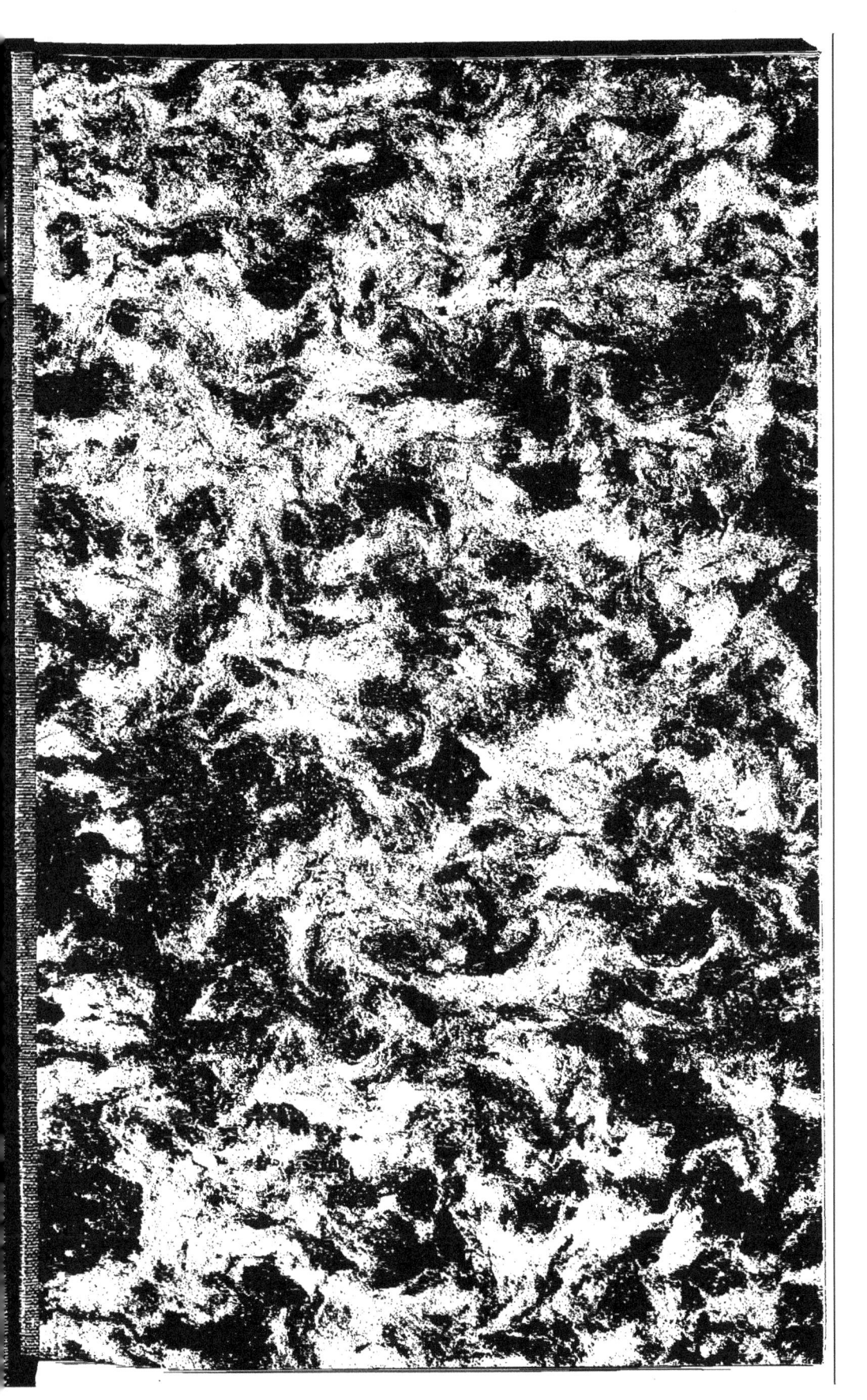

JEAN RAYMOND 1964

FACULTÉ DE DROIT DE PARIS

HISTORIQUE DES SÛRETÉS RÉELLES
DES ANCIENNES LÉGISLATIONS DE L'ORIENT

DU

RANG DES HYPOTHÈQUES
EN DROIT ROMAIN

DES

PRIVILÈGES ET DES HYPOTHÈQUES
EN DROIT INTERNATIONAL PRIVÉ

THÈSE POUR LE DOCTORAT

ACTE PUBLIC SUR LES MATIÈRES CI-APRÈS
sera soutenu le jeudi 24 juin 1886, à 1 heure 1/2

PAR

Georges PATURET

AVOCAT À LA COUR D'APPEL DE PARIS
MAÎTRE DE CONFÉRENCES À L'ÉCOLE DU LOUVRE

Président M. LYON-CAEN

Suffragants { MM. DEMANTE, professeur.
LAINÉ, agrégé.
ESMEIN, id.

PARIS
IMPRIMERIE DES ÉCOLES
HENRI JOUVE
75, Rue Racine, 75.

1886

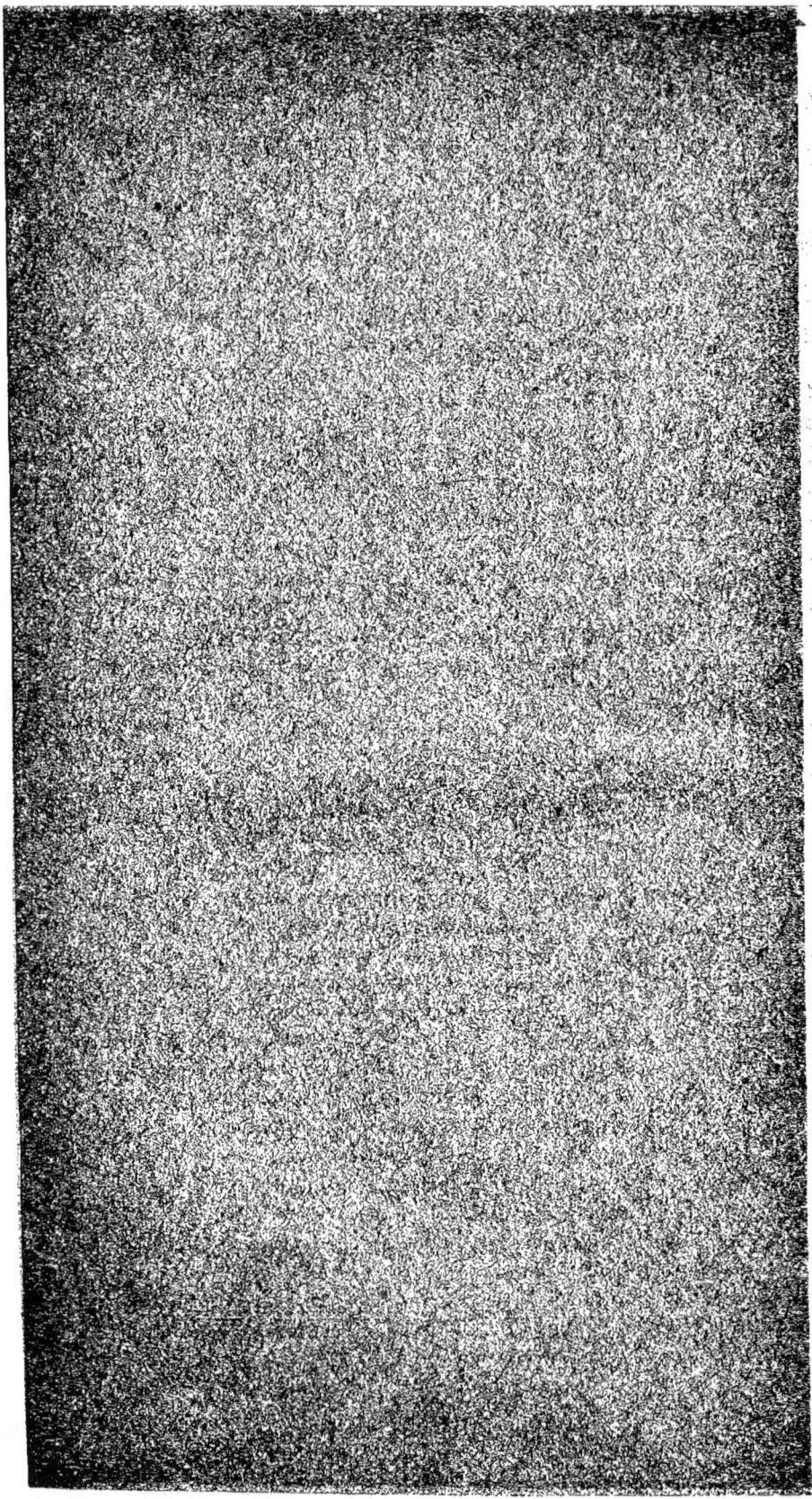

FACULTÉ DE DROIT DE PARIS

HISTORIQUE DES SÛRETÉS RÉELLES
DES ANCIENNES LÉGISLATIONS DE L'ORIENT

DU

RANG DES HYPOTHÈQUES
EN DROIT ROMAIN

DES

PRIVILÉGES ET DES HYPOTHÈQUES
EN DROIT INTERNATIONAL PRIVÉ

THÈSE POUR LE DOCTORAT

L'ACTE PUBLIC SUR LES MATIÈRES CI-APRÈS
Sera soutenu le jeudi 24 juin 1886, à 1 heure 1/2

PAR

Georges PATURET

AVOCAT A LA COUR D'APPEL DE PARIS
MAÎTRE DE CONFÉRENCES A L'ÉCOLE DU LOUVRE

Président : M. LYON-CAEN.

Suffragants : { MM. DEMANTE, professeur.
LAINÉ, agrégé.
ESMEIN, id.

PARIS
IMPRIMERIE DES ÉCOLES
HENRI JOUVE
23, Rue Racine, 23

1886

INTRODUCTION.

Notre intention en commençant ce travail était de passer en revue, avec quelques détails, les législations antiques de l'Orient, et de rechercher quelles avaient pu être les influences de ces législations sur le droit romain en matière d'hypothèques. Notre plan comprenait l'étude des lois de l'Assyrie, de la Babylonie, de l'Egypte et de la Grèce. Malheureusement nous n'avons pu entièrement réaliser notre projet et pour trois pays sur quatre, nous serons forcés de nous en tenir à des généralités. Deux causes nous font abréger l'étude que nous nous proposions de faire : d'abord le manque de temps et ensuite une connaissance trop imparfaite des langues orientales. Pour l'Assyrie et la Babylonie, les documents ne manquent pas aujourd'hui, mais l'interprétation de ces documents reste d'une difficulté presque insurmontable. Les savants linguistes qui ont traduit les briques assyriennes, qui contiennent les contrats, à l'aide desquels nous tâchons de reconstituer les législations de deux grands empires de la vieille Asie, ne sont pas toujours d'accord sur le sens à donner aux caractères cunéiformes, qui couvrent ces documents et de plus la portée de certains termes juridiques sont à peine connus. M. le docteur Victor Révillont, qui prépare en ce moment un recueil d'actes assyriens et babyloniens, dont le premier volume va bientôt paraître, a bien voulu nous communiquer quelques contrats dont la traduction est aujourd'hui définitivement arrêtée. Grâce à ses connaissances juridiques, notre savant maître a pu redresser nombre d'erreurs, qui s'étaient glissées dans les traductions précédentes. C'est à l'aide de ces contrats que nous essayerons de donner une idée de la législation des Assyriens en matière de sûretés réelles. Nous espérons pouvoir plus tard compléter et corriger notre étude, qui n'est aujourd'hui qu'une ébauche. Malgré tout, nous croyons qu'on peut dès maintenant tirer quelques conclusions certaines qui aideront à comprendre les origines de cette institution de crédit qu'on retrouve dans toutes les législations, l'hypothèque, et que bien des points de la législation romaine pourront être expliqués à l'aide de ces origines historiques.

Quant à la Grèce, son régime hypothécaire est bien connu aujourd'hui et il n'est certes plus à étudier dans ses grandes lignes. Des savants comme M. Dareste, en ont donné des commentaires qu'un débutant n'est pas tenté de refaire. Pour les détails ils ne trouvent pas ici leur place naturelle. Nous nous bornerons donc à relever certains points sur l'hypothèque grecque, qui pourront nous servir à expliquer différentes règles de la législation romaine.

Reste l'Egypte : la législation de ce pays est maintenant

parfaitement connue, et si quelques questions sont encore un peu obscures, les documents nombreux sur la traduction desquels aucun doute ne peut s'élever, nous permettent de tirer dès aujourd'hui une théorie générale des sûretés réelles en usage dans la vallée du Nil. C'est du reste vers cette partie que nous avons porté plus spécialement nos études. Un historien romain, Amien Marcellin, écrivait au IV° siècle de notre ère, qu'il fallait aller chercher les origines des lois de Rome en Egypte. Nous aurons à constater plusieurs fois dans cette étude la vérité de la parole de l'antique historien. Nous développerons donc davantage la partie qui a trait à l'Egypte, et nous verrons combien était avancée bien des siècles avant l'ère chrétienne, la civilisation juridique du peuple des Pharaons.

Nous ne voulons pas terminer cette introduction sans remercier tous nos maîtres de l'Ecole de droit et de l'Ecole du Louvre, qui nous ont guidé, avec une bienveillance si grande, dans nos études juridiques.

HISTORIQUE DES SURETÉS RÉELLES

DANS LES ANCIENNES LÉGISLATIONS DE L'ORIENT

(Assyrie — Babylonie — Egypte)

I.

ASSYRIE ET BABYLONIE.

Quand on parcourt les différents contrats assyriens qui
sont parvenus jusqu'à nous et dont la traduction est à peu
près fixée définitivement, deux choses frappent tout d'abord.
Les sûretés réelles sont peu employées, l'hypothèque, du
moins telle que nous la comprenons aujourd'hui, telle que
nous la trouverons en Egypte, n'est pas connue. Sur quelques
centaines de briques contenant des actes juridiques, trois
ou quatre à peine nous montrent l'emploi des sûretés
réelles.

Ces sûretés consistent dans des gages donnés au créancier. C'est ainsi que nous voyons des animaux domestiques,
livrés à un prêteur, pour répondre de la dette qu'on a contractée envers lui. Ce contrat de gage n'est pas un contrat

principal, l'acte qui le relate n'a pas surtout pour but sa constitution et la promesse de rendre de la part du créancier, c'est un contrat accessoire. L'obligation de rendre l'argent où les denrées prêtées, voilà le véritable but du contrat, ce n'est qu'à la fin qu'on insère la clause de gage et la remise faite de l'objet engagé au créancier par le débiteur.

Les Assyriens, comme le peuple romain au début de sa vie juridique, préféraient les sûretés personnelles, les cautions aux sûretés réelles. Chez les peuples primitifs on a grande foi dans l'engagement des individus, dans leur parole, puis toute la famille, en principe, répond des dettes d'un de ses membres, enfin les voies d'exécution sur la personne sont plus rigoureuses et rendent moins illusoire la caution fournie par un individu. Aussi remarquons-nous en Assyrie, dans bon nombre de contrats, une caution intervenir à côté du débiteur principal. Il y est dit : *istu bunt sanii nasuu, un pour deux répond.* C'est la formule employée pour garantir l'exécution d'une obligation.

Mais comme nous le voyons dans les actes, le gage existe, la sûreté réelle n'est pas inconnue et, à côté de cette sûreté personnelle, nous trouvons dans quelques contrats un bien engagé au paiement d'une dette. Le peu de documents que nous possédons, sur ce point, ne nous permet pas de tirer une théorie générale du gage dans cette législation.

A Babylone, nous allons trouver d'autres garanties. Tout

d'abord, nous sommes en présence du gage, puis plus tard, nous rencontrons l'hypothèque. Cependant le gage dans la Chaldée, revêt une forme spéciale due à une particularité de la législation babylonienne. Dans cette législation, en effet, le capital en numéraire en monnaie a une vie propre, et représente dans la fortune d'un individu quelque chose de particulier. C'est cette conception bizarre du capital qui a fait que le peuple babylonien est celui chez lequel nous rencontrons les modes de crédit les plus compliqués. Rien de plus bizarre en effet que l'organisation de certains contrats chez ce peuple, de la location, par exemple. Un individu a besoin d'une maison pour l'habiter, d'un champ pour le cultiver, il le loue, mais ce ne sera pas comme chez les autres peuples, soit de l'antiquité, soit des temps modernes, par une prestation en nature ou en argent, renouvelable chaque année, que le locataire s'acquittera du prix de location. Le bailleur exigera le prix même de sa chose, l'argent viendra dans son patrimoine tenir la place de l'objet qu'il a donné à bail. La location se fait donc sous la forme d'une vente. L'intérêt de l'argent forme le prix de la location. Une telle institution semble se prêter bien mal aux besoins pratiques d'un peuple. On n'a pas souvent, en effet, la somme nécessaire pour payer une maison, tandis qu'on peut facilement tous les ans payer le prix d'une location. Les banquiers qui existaient en grand nombre à cette époque en Babylonie, remédiaient à cet inconvénient. Les maisons de banque prêtaient la somme nécessaire au paiement du prix de l'immeuble loué ; et recevaient cet immeuble en garantie de leur créance (1).

Le gage se constituait chez les Babyloniens sous la forme d'un échange, c'est ce qu'on a appelé plus tard chez les grecs *antichrèse*. Un individu qui possède un immeuble veut emprunter d'un autre individu ; il lui donne en gage cet immeuble et les fruits produits par cet immeuble servent d'intérêt. C'est la forme la plus fréquente du gage à Babylone. Cependant, à côté d'elle, nous trouvons aussi le gage proprement dit. On remettait soit au mains des banquiers, soit aux mains d'autres prêteurs, des objets précieux que ceux-ci avaient droit de réaliser à l'échéance pour le cas où la dette n'était pas payée. Bien plus, contrairement aux dispositions du droit romain et de notre droit actuel, le créancier gagiste peut disposer du gage comme il l'entend, le donner lui-même en gage à une autre personne. La chose ne sera cependant pas perdue pour son propriétaire, qui du jour où il aura payé sa dette, rentrera en possession de son bien. Il aura droit, en versant entre les mains du détenteur de l'objet engagé la valeur de ce gage, de reprendre posses-

_____

(1) C'est ainsi que dans le dossier de Bunanitum, publié par M. de Laponge, dans la *Nouvelle revue historique de droit français et étranger,* année 1886, n° mars-avril, nous trouvons un mandataire achetant une maison pour Bunanitum et son mari, fournissant des deniers pour le paiement de cette maison et ayant une hypothèque sur cette maison à raison de ce prêt. Cet acte remonte à plus de huit siècles avant J.-C. On peut voir par là combien est vieux le privilége de celui qui fournit des deniers pour l'acquisition d'une chose.

sion de son bien. Il y aura une sorte de purge, comme nous disons dans notre droit moderne.

Nous trouvons enfin, à côté de l'antichrèse et du gage, l'hypothèque. Celle-ci est peut-être une importation égyptienne. Ce n'est, en effet, que dans les actes contemporains ou postérieurs au règne de Nabuchodonosor, que nous voyons cette institution de crédit fonctionner. Or, à cette époque les Egyptiens avaient possédé la Babylonie. L'hypothèque est comme en Egypte générale ou spéciale. Voici un exemple d'hypothèque générale. « Une mine 1/2 d'argent 18 cor de blé (créance) d'Iddin Marduk sur Barsi et Marduk erba, argent du prix de la récolte (?) de l'an Ier et de l'an II de Nériglessar, roi de Babylonne dans le mois d'Adar et recevra complétement l'argent ou son capital *sur leur... telle qu'elle* est, *Sur leur propriété est l'hypothèque d'Iddin Marduk*. Dans le mois d'Acru le blé est son capital, ils donneront dans la ville d'Ahriddin ; ils répondent l'un pour l'autre.

Sahrini le 3 Keseler de l'an II Neriglessor, roi de Babylone ».

Voici maintenant un exemple d'hypothèque générale.

« Douze mines d'argent (créance) du fils du roi par les mains de Nebeo Zabetkati majordone du fils du roi sur Summachin. Dans le mois de Nizam, l'argent à savoir, douze mines en son capital, le débiteur donnera ce qu'il possède de ville et de campagne tel qu'il est, est en gage hypothécaire du fils du roi. Possesseur, autre ne mettra la main dessus, jusqu'à ce que Zebo Nabetkati ait reçu complétement l'argent. Relativement à la réception, Nebo hi iddin se porte garant,

Babylone, le 12 ulul de l'an II, de Neriglessar, roi de Babylone. Nous ne voulons tirer pour aujourd'hui aucune théorie générale, de ces actes contentons-nous de constater que l'hypothèque existe en Chaldée. Ajoutons que l'on voit par d'autres actes l'hypothèque de la femme mariée, comme nous allons la rencontrer tout-à-l'heure en Egypte (1).

(1) Voir aussi sur ce point, le *Dossier de Bunanitum* cité plus haut.

II

Le droit égyptien connut comme les autres législations orientales, les sûretés réelles. Mais on peut signaler, dès l'abord, une différence entre la loi de Babylone et celle du pays des Pharaons, à propos de ces garanties. Nous avons remarqué que les Babyloniens employaient surtout le gage et l'antichrèse. Leurs banquiers se faisaient remettre en gage différents objets précieux, faciles à réaliser au moment de l'échéance, si la dette n'était pas soldée. En Egypte, au contraire, l'hypothèque est préférée au gage. C'est d'ordinaire, cette sûreté que nous trouvons stipulée dans les contrats, bien que le gage soit connu et pratiqué comme nous allons le montrer. Doù vient cette différence entre les deux pays ? Elle provient certainement de l'état économique des deux nations. Chez les Babyloniens, le commerce était florissant, les transactions avaient besoin de se faire rapidement, le gage plus facile à réaliser que l'hypothèque devait l'emporter sur celle-ci. Les Egyptiens, au contraire, sont un peuple agriculteur, chez lesquels le crédit est à long terme, et qui n'ont pas besoin de sûretés pouvant se transmettre ou se réaliser aussi vivement.

La législation contractuelle égyptienne, ne date que du
VIIIᵉ siècle avant notre ère. Ce fut le roi Bocchoris qui, dans
le Code des contrats, donna aux classes populaires la propriété immobiliaire, et organisa ses modes de transmission et
les différents contrats qu'on pourrait faire à son propos.
Avant ce prince, outre que la plus grande partie du peuple
égyptien ne pouvait pas être propriétaire, s'il y avait des
contrats, ceux-ci n'étaient pas régulièrement constitués, et
c'était par une clause pénale ou par un serment qu'ils étaient
toujours garantis. Nous retrouverons bien après Bocchoris
la clause pénale et le serment, mais comme dans toutes les
législations un peu avancées, nous rencontrerons à côté
d'eux les sûretés réelles, telles que la vente avec fiducie, le
gage et l'hypothèque. Mais on peut dire que c'est surtout
après Darius et sous les dynasties grecques, que ces sûretés
se développent, nous les rencontrons alors dans presque
tous les contrats. On ne s'étonnera donc pas que les exemples que nous citerons tout à l'heure, soient empruntés à une
période assez récente de la législation égyptienne.

La vente avec fiducie existait en Egypte. Nous en avons
plusieurs exemples dans les actes qui sont parvenus jusqu'à
nous. Ces ventes pouvaient porter sur les quatre classes de
biens admises dans la vallée du Nil : immeubles, meubles,
choses se mouvant elles-mêmes (esclaves et animaux domestiques), liturgies. C'est ainsi que nous voyons dans un Papyrus du musée du Louvre, portant le n° 2442 et publié par
notre savant maître M. Eug. Révillout, dans son Cours de

droit égyptien professé à l'Ecole du Louvre, pendant le premier semestre de l'année 1886, un des plus hauts fonctionnaires du clergé égyptien, appelé un *divin père*, rendre à un *pastophore* un acte de vente que celui-ci avait fait sur un de ses immeubles en garantie d'une créance. Le pastophore en donne ainsi quittance ; « Tu m'as donné, et mon cœur en est satisfait, l'acte de vente que je t'avais fait sur la maison, etc... » C'est qu'en Egypte la vente se faisait par deux écrits, l'écrit pour argent (en Egypt. sanch) et l'écrit de cession (écrit de tioui). Le premier transférait la propriété et le second la jouissance. Tous les contrats devaient être rédigés par écrit et étaient unilatéraux. C'est toujours celui qui s'engageait qui prenait la parole dans l'acte. Lors donc qu'une chose était engagée sous forme de vente avec fiducie, deux actes intervenaient. Par le premier, l'objet engagé était livré au créancier, auquel le débiteur disait : « Tu m'as donné le prix de telle chose » et par le second, le créancier s'engageait à retransférer la propriété de la chose engagée au débiteur, si le payement était effectué en temps utile. Notons ici une particularité de la législation que nous étudions. Pour triompher dans une action en revendication, le demandeur devait prouver le mode originaire, par lequel lui ou ses prédécesseurs avaient acquis la propriété de l'objet réclamé ; et, comme les contrats devaient tous être rédigés par écrit, on n'avait qu'à racheter l'écrit, par lequel on avait transféré la propriété d'une chose engagée, pour recouvrer par le fait même son gage.

Les partages en Egypte se font aussi par contrat ; et quand on attribue un immeuble à une personne on a soin de le déterminer parfaitement, en indiquant dans l'acte sa position et le nom des voisins. Or, nous voyons souvent dans de tels actes, un individu nommé d'abord comme voisin, puis quelques années plus tard n'être plus désigné et enfin reprendre sa place dans un acte de partage un peu ultérieur. C'est que probablement le propriétait avait gagé sa maison et qu'il l'avait recouvrée ensuite au moment du payement de sa dette.

A côté du contrat de fiducie, qui fut certainement dans la vallée du Nil comme dans celle du Tibre la première sûreté réelle connue, nous trouvons le gage. Celui-ci peut porter lui aussi sur les quatre classes de biens dont nous avons parlé précédemment. Mais à la différence de la vente avec fiducie il ne confère pas un droit qui devient de suite, pour ainsi dire, définitif. Expliquous-nons par un exemple. Un individu veut engager à un autre sa maison, en garantie du payement d'une dette. L'engagement se fera au moyen d'une vente. Mais, comme nous l'avons dit, pour la vente il faut deux actes, l'écrit pour argent, qui transfère la propriété et l'écrit de cession, qui donne la jouissance. Or, le débiteur ne fera à son créancier qu'un écrit pour argent, il lui transférera donc la propriété de l'objet, en en retenant lui-même la jouissance (1). On trouve ainsi supprimé un des inconvénients

1. Cette conception du gage est, il faut l'avouer, fort bizarre. Elle est même, on peut le dire, le renversement de l'idée fondamentale actuelle

que la loi romaine et nos législations actuelles voient attachés au gage, celui de la perte de la jouissance. Mais comme le débiteur s'est désaisi de la propriété de sa chose, il n'aura plus sur elle aucun droit, il ne pourra pas l'engager à un autre créancier. Si a l'échéance le créancier gagiste n'est pas payé, il forcera le débiteur à rédiger l'écrit de cession et deviendra plein propriétaire du gage. Les débiteurs s'obligent toujours dans les contrats à faire cet écrit pour le cas où à l'échéance ils n'accompliraient pas leurs obligations. Nous ne voulons pas citer ici *in extenso* des actes de gage que nous possédons, voulant nous hâter d'arriver à la partie la plus intéressante de notre matière, à celle qui se rapporte surtout au sujet de notre thèse, à l'hypothèque. Nous nous contentons donc de renvoyer aux Papyrus, numéros 2427 et 2440 du Musée du Louvre, publiés par M. Eug. Révillont, dans l'ouvrage cité par nous tout à l'heure (1).

L'hypothèque considérée comme un droit réel sur un bien, affectant ce bien au payement d'une obligation a existé en Egypte. Elle y diffère peu du gage, comme nous allons le voir, elle offre cependant certaines particularités qu'il est intéressant d'étudier au point de vue historique.

du gage. Le gage, en effet, consiste aujourd'hui dans la perte de la possession, avec rétention de la propriété. C'est exactement le contraire qui se passe dans la législation égyptienne.

1. Nous ne pouvons renvoyer exactement aux pages de ce volume. Notre maître ayant bien voulu nous communiquer les épreuves mêmes de son ouvrage, sous presse en ce moment, et qui aura certainement paru avant le nôtre.

En Egypte, l'hypothèque est générale sur tous les biens, ou spéciale sur certains biens seulement. L'hypothèque générale est de beaucoup la plus employée. Parcourons les différents points suivants : 1° comment s'établit l'hypothèque ; 2° quels biens peuvent être hypothéqués ; 3° pour quelles créances trouvons-nous l'hypothèque soit générale, soit spéciale ; 4° comment se réalise et comment s'éteint l'hypothèque.

1° *Comment s'établit l'hypothèque ?* — Notre droit réel s'établit en Egypte comme à Rome, comme chez nous par un contrat. Il n'y a pas réellement d'hypothèque légale sauf les restrictions que nous allons faire. Quant aux jugements ils ne donnaient pas, eux non plus, hypothèque de plein droit. — L'hypothèque égyptienne se confère par un acte, signé de seize témoins au moins. Nous verrons tout à l'heure que le prêt est un des actes pour lesquels on avait hypothèque en Egypte. Or, nous trouvons deux classes de prêts en droit égyptien, le *prêt d'argent* et le *prêt de blé* qui ne sont pas absolument traités de la même manière au point de vue du taux de l'intérêt. Ces deux sortes de prêts doivent tous deux être rédigés par écrit. Or, l'écrit qui les constate doit être signé de seize témoins au moins pour emporter hypothèque. Nous rencontrons des prêts signés de cinq et huit témoins, et jamais dans ceux-ci il n'existe de stipulation hypothécaire.

Au contraire, dans les prêts de 16 témoins, l'hypothèque est toujours garantie au prêteur, si bien qu'on pourrait presque dire qu'il y a ici une hypothèque légale. Il n'aurait pas été possible, nous le croyons, du moins, de rédiger une convention de prêt à 16 témoins sans y joindre l'hypothèque. C'est donc par un contrat que se forme l'hypothèque. Mais ce n'est pas un contrat spécial qui donne cette garantie ; elle est concédée dans l'obligation elle-même, elle n'en forme qu'une clause. Nous verrons tout à l'heure dans les exemples que nous citerons que la formule en est celle-ci : « La totalité des biens qui sont à moi et que je ferai être (de mes biens présents et à venir), est en garantie hypothécaire de toute parole ci-dessus. » C'est donc par un simple contrat, ou plutôt par une simple promesse que se forme l'hypothèque, au contraire du gage qui demande un acte spécial et une dépossession de la chose. Nous allons voir plus loin que la réalisation ds l'hypothèque ressemble essentiellement à la création du gage.

2° *Quels biens peuvent-être hypothéqués ?* — Tous les biens, en Egypte, peuvent-être hypothéqués, aussi bien les meubles que les immeubles, les esclaves que les liturgies. Du reste, nous venons de le dire, le plus souvent dans le pays de Pharaon, l'hypothèque est générale et porte sur tous les biens présents et à venir du débiteur. Dans les Papyrus que nous possédons, soit au Musée du Louvre, soit dans les différentes collections étrangères, nous trouvons nombre d'hypothèques portant sur des liturgies. C'est que les actes, qui ont été retrouvés par les Arabes et vendus aux Européens, appartenaient presque tous à une même famille,

famille de *choachytes* et de *taricheutes*, c'est-à-dire des prêtres inférieurs chargés d'ensevelir les morts et de faire des sacrifices sur leurs tombeaux. Or, la famille des morts devait une certaine somme tous les ans, pour les sacrifices et les prières dites par ces choachytes ; c'était ce qu'on appelait les liturgies. Ces liturgies formaient une partie du patrimoine de ces prêtres, et ils les hypothéquaient souvent. Cette pratique a même fait naître une opinion qui, bien qu'avancée par des auteurs grecs comme Diodore de Sicile et Lucien, nous paraît une erreur. On a dit et répété que les Egyptiens donnaient en gage, en hypothèque, les momies de leurs ancêtres. Cette opinion nous semble erronée : le corps de l'Egyptien mort et trouvé digne des honneurs de la sépulture était une chose sacrée, une *res sacra*, comme auraient dit les Romains, et qui était hors du commerce. C'est à la pratique d'hypothèquer les liturgies, les créances que les prêtres avaient sur les familles, pour se faire payer leurs prières qu'il faut rattacher cette fausse croyance de l'hypothèque portant sur les restes d'un ancêtre. A quoi aurait pu servir un droit, qui définitivement se résout par une vente, sur un objet non susceptible d'être vendu. Aucun des actes que nous possédons ne contient un pareil contrat.

3° *Pour quelles créances trouvons-nous l'hypothèque soit générale, soit spéciale ?* — D'après les documents que nous possédons, on peut dire que l'hypothèque garantit en général toutes les créances dans la législation égyptienne.

Comme nous venons de le voir, tous les actes de prêt signés par 16 témoins emportent hypothèque, or, le prêt joue
un grand rôle dans la vallée du Nil. La vente doit toujours
se faire au comptant et lorsque l'acheteur ne peut pas payer
de suite l'objet par lui acquis, il se reconnaît débiteur du
vendeur, non en vertu de la vente, mais en vertu d'un prêt
d'argent. Or, le prêt fictif ainsi consenti est presque toujours garanti par une hypothèque.

Cependant certaines créances semblent être plus particulièrement protégées par la loi égyptienne. On y rencontre
toujours la garantie hypothécaire stipulée. Nous voulons
parler de la créance que le bailleur acquiert, sur les biens de
celui à qui il a loué une chose, et de la créance que la
femme mariée a contre son mari, pour la restitution de son
apport dotal.

Dans presque toutes les locations égyptiennes nous trouvons la garantie hypothécaire donnée au locateur par le locataire. Nous allons citer quelques actes de ce genre, ils
nous offrirons outre les formules hypothécaires employées
dans le pays dont nous décrivons la législatton, l'application
de plusieurs règles de droit dont nous venons de parler.

Dans un Papyrus du Louvre, daté du 10 Papyni de l'an 51,
d'Evergète II, nous trouvons : « Le cultivateur (m. a. m.
homme de peine), de Djême, Efanch, fils de Pamart, dont la
mère est Tathot, dit au pastophore d'Amon Api de l'occident
de Thèbes, Hor, fils d'Hor et dont la mère est Sempoer : tu
m'as loué tes quatre aroures de terrain et leurs productions,

sis dans le terrain de..... terrain qui fait 53 aroures. Ce terrain est sur le *neter hotep* (domaine sacré ou ἱερα γη) d'Amon, dans l'apanage d'Amon Api. Les voisins du terrain entier sont : au sud, le terrain de Cléon, fils de Pétosor ; au nord, le terrain de Hercius, fils de Pséchons, et de ses compagnons et l'eau (le canal) de Nicandros ; à l'orient et à l'occident, le chemin du roi ; tels sont tes voisins du terrain entier.

Que je cultive tes quatre aroures de terrain ci-dessus au moyen de l'eau de l'an 51 à l'an 52. Que je solde l'ensemencement, tous les frais de culture et de récolte, les impositions. Que ton agent d'affaire (ret) déclare la location de la culture avec moi. Que je solde leurs impositions (de ces aroures) au Trésor royal, selon ce qui est sur les écrits du roi, sur lesquels il a écrit. Que je donne en la main de ton agent, en leur nom (au nom de ces aroures) le surplus du fermage de ton terrain ci-dessus, c'est-à-dire deux *cor* (grande mesure thébaine) ou 2/3 de triple cor, deux cor en tout, comme redevance de ces terrains, selon la bonne mesure que ton agent d'affaires mesurera avec moi, en froment pur, sans mélange, la dite mesure (le cor) faisant 29 *ošoide*. Ces blés seront portés et soldés en ta maison de Djême au terme de l'an 52, 30 Pachons, qui va venir. Je donnerai cela. Que je donne cela avec son hémiolion (la moitié en plus) le mois après le mois nommé, de force, sans délai. Le droit de la location ci-dessus est sur moi et sur mes enfants. La totalité des biens qui sont à moi, et que je

ferai être (de mes biens présents et à venir) est en garantie
de toute parole ci-dessus jusqu'à ce que j'agisse en conformité. Que j'établisse devant toi (que je te rende la possession et l'usage de) tes quatre aroures qui sont situées dans
le terrain ci-dessus et leurs productions, pour que tu les
loues à l'homme à qui tu voudras les louer. L'homme de
nous qui s'écartera pour ne pas agir selon toute parole ci-
dessus donnera 1500 argenteus, cinq kerker (talents) 1500
argenteus en tout, à l'équivalence de 24 pour 2/10 (d'argenteus d'argent). On l'obligera à agir selon ces paroles en
outre, de force, sans délai, sans aucune opposition. »

Comme on le voit d'après cet acte, le droit du bailleur
d'un immeuble était garanti par une hypothèque générale,
sur tous les biens de son locataire. Dans d'autres actes nous
trouvons des choses semblables. C'est ainsi qu'un taricheute
qui avait loué un bien d'un soldat et les engrangements
contigus à ce champ, termine son acte de location de la manière suivante : « Le droit de l'écrit ci-dessus est sur ma
« tête et sur celle de mes enfants. Tout mes biens présents
« et à venir sont en garantie hypothécaire de toute parole
« ci-dessus (1) ». — Dans un autre acte de location de l'an
5 de Philopator, mois de *Tot*, nous trouvons encore la garantie hypothécaire ; c'est acte est ainsi conçu : « Le pastophore d'Aman de Djême, Snachanneus..... dit au prêtre
gardien de tous les actes de Pohotep-en-hoou (de Kak), qui

1. Voir l'acte dont nous citons ici la fin. Revue Egyptologique,
3o année, no III, p. 130 et 131.

sur la montagne de Djême, l'épistate du basilicogrammate, Amen hotep, fils de Hui, le Dieu grand. — Amen hotep, fils d'Hor, dont la mère est Tséchons.

Tu m'as loué ta part de champs du bien de Pahotep-en-hoou, le *neter hotep* d'Aman (part), qui est à l'occident du (domaine) de Thot inscrit à Djême, à l'occident du nôme Pathyrite, sur la côte sud du bien nommé, et à laquelle touche la part d'Aman hotep, fils de Thot. Les voisins sont: au sud, le champ du neter hotep, devant le basicogrammate Amen hotep, fils de Hui; au nord, le reste du champ de Thot déjà nommé, qui est là pour Horsiesi, fils d'Hor, et pour toi à l'orient, le champ de Pséhcons, qui est là pour Panafié, Hes et Pséchons, ses fils ; à l'occident, le chemin d'Aman de Djême. Tels sont tous les voisins de champs ci-dessus, parmi lesquels je t'ai fait location de tes champs provenant de ce bien que je...... (lacune dans le Papyrus). Que je fasse tout le travail de culture et de l'ensemencement. Que je donne en la main de *ton agent*, le cinquième pour la location et le gage de ton champ ci-dessus, sur la totalité de bien quelconque qui sera ta part dans le champ ci-dessus...... » Puis l'acte se termine ainsi : « Au terme de l'an 5 Pachons que j'établisse tes champs ci-dessus, devant toi, pour que tu les loues à l'homme à qui tu voudras les louer. Je ne puis dire : J'ai loué pour faire de même en tout temps (Défense de tacite reconduction). — *La totalité de mes biens présents et à venir est en garantie de toute parole ci dessus, jusqu'à ce que j'ai agi sur conformité.* Ton agent prend puissance pour toute parole qu'il dira avec moi au nom de toute parole ci-dessus. Que je les accomplisse à son égard sans aucune opposition.

Nous pourrions multiplier les exemples, et montrer que dans presque toutes les locations l'hypothèque générale sur le bien du débiteur est stipulée. Des actes que nous venons de transcrire nous pouvons tirer les conséquences que nous avions déjà annoncées, à savoir : que l'hypothèque à la différence du gage se constitue par une simple promesse, qu'il n'est besoin pour sa formation d'aucun écrit pour argent ou de cession ; que cette garantie laisse entre les mains du débiteur, le bien qu'elle grève et que celui-ci peut constituer sur ce bien d'autres droits réels.

L'hypothèque se rencontre toujours stipulée dans certains contrats de mariage. A partir du règne de Darius, le mariage égyptien ne peut plus exister sans un apport dotal de la femme. Imitant en cela les coutumes des Sémites, les Egyptiens déclarent que seule la femme dotée sera épouse légitime. Mais la dot n'est pas la plupart du temps apportée par la femme, elle provient soit d'une donation (d'un don nuptial fait par le mari à son épouse) soit d'un apport fictif que la femme fait au mari, et dont celui-ci se reconnaît débiteur. Nous avons donc en Egypte deux classes de contrats de mariage : le contrat par don nuptial et le contrat par créance nuptiale. C'est dans ce dernier seulement que se rencontre l'hypothèque. Le mari devient en effet le débiteur de sa femme, il lui promet de lui rendre ce qu'elle est censée lui avoir apporté et il garantit cette promesse au moyen d'une hypothèque, que les contrats appellent comme nous allons le voir hypothèque nuptiale. Il ne pouvait être question d'hypothèque dans les contrats par don nuptial, car au moment où l'on rédige le contrat de mariage la donation est faite, l'argent a été versé à la femme. L'hypothèque nuptiale peut encore exister dans un cas, c'est quand il y a communauté stipulée entre les deux époux dans le contrat de mariage. Dans ce cas le mari devient le débiteur de sa femme à la dissolution du mariage et une hypothèque générale grève ses biens de ce chef. Voici un acte de ce genre que nous avions déjà cité en partie dans notre étude de la *Condition juridique de la femme dans l'ancienne Égypte*, (p. 53). Cet acte est de l'an III, du roi Ptolémée, fils de Ptolémée et de Bérenice « Je t'ai prise pour femme, je t'ai donné un argenteus, en sekels cinq, un argenteus en tout pour ton don nuptial. — Je t'établirai pour femme. — Si je te méprise, si je prends une autre femme que toi, je te donnerai cinq argenteus en sekels vingt-cinq, cinq argenteus en tout. — Que je te donne *le tiers de tout bien que j'acquérerai, biens qui seront communs entre toi et moi* à partir du jour ci-dessus, (jour du mariage). Tous mes biens présents et à venir sont en garantie hypothécaire de toute parole ci-dessus ». Ce contrat nous montre une hypothèque garantissant la créance de la femme sur les biens de la communauté, mais il est intéressant à un autre point de vue. Nous avons dit plus haut qu'un acte emportant hypothèque devait toujours être signé de 16 témoins. Or ici nous nous trouvons en face d'une constitution d'hypothèque, qui manque de cette forme essentielle. Notre contrat n'est en effet signé que du notaire qui l'a rédigé et de deux officiers publics, deux basilicogrammates.

Faut-il admettre que la présence de certains officiers publics, comme chez nous de plusieurs notaires, dispensait du nombre réglementaire de témoins? On serait tenté de le croire devant cet acte qui n'était certainement pas nul.

Voyons maintenant quelques contrats de mariage par créance nuptiale emportant hypothèque. C'est à Memphis que ces contrats étaient usités :

« L'an XL paophi des rois Ptolémée et Cléopâtre sa femme. . . . — L'archentaphiaste Pethès, fils de Chonouphis, dit à la femme Ntoua fille de l'archentaphiaste Téos dont la mère est Ttimouth. — Je t'ai prise pour femme, *tu m'as donné*, et mon cœur en est satisfait, 750 argenteus en sekels 3750, en argentens 750, ce qui fait deux sekels plus 150 argenteus en airain dont l'équivalence est de 24 pour 2/10 (d'argenteus d'argent). Je les ai reçus de ta main, mon cœur en est satisfait, ils sont au complet sans aucun reliquat. Je t'établirai pour femme et à partir du jour ci-dessus tu t'en iras de toi-même. Je te donnerai les 750 argenteus ci-dessus dans le délai de 30 jours, quand je t'établirai pour femme ou bien quand tu t'en iras de toi-même. . . . Je te donnerai 4 deniers d'olyre par jour. . . . (suit la pension alimentaire de la femme fournie par le mari, enfin l'acte se termine de la manière suivante). Que je te donne tout ce que je possède et tout ce que j'acquérerai en hypothèque nùptiale (mot-à-mot *en hypothèque de femme*). Je ne puis te dire, je t'ai donné l'argent de l'écrit ci-dessus en ta main.» Puis vient l'adhésion de la mère du mari, qui se porte garante de celui-ci, et la signature du notaire et des té-moins (1)· »

Nous pouvons citer un autre acte absolument semblable rédigé à Memphis l'an III des rois Ptolémée et Cléopatre surnommée Tryphène. . . . «Je te prends pour femme, tu m'as donné, et mon cœur en est satisfait, 660 argenteus en sekels 3300, etc.... *La totalité de nos biens présents et à venir est en hypothèque nuptiale au nom du droit résultant de l'écrit ci-dessus.* Je ne puis te dire je t'ai donné l'argent de l'écrit ci-dessus de la main à la main. »

Comme on le voit d'après ces actes, l'hypothèque est sti-pulée chaque fois que la femme a une créance contre son mari. Ce qui nous frappe de plus c'est que cette hypothèque est qualifiée, il n'est pas seulement dit ici comme dans les contrats ordinaires d'hypothèque : « mes biens présents et à venir sont en garantie de la créance ci-dessus. »

Mais : « la totalité de mes biens présents et à venir est en *hypothèque nuptiale ou hypothèque de femme* (pour nous servir de l'expression égyptienne) au nom du droit résultant

1. Voir cet acte *in extenso* et celui que nous citerons ensuite dans notre étude de la condition juridique de la femme dans l'ancienne Egypte, p. 74.

de l'écrit ci-dessus. » On serait tenté de se demander si la loi égyptienne n'avait pas accordé comme le droit romain du Bas-Empire le fit plus tard, une hypothèque légale, peut-être privilégiée à la femme ? Nos documents ne nous permettent pas de répondre formellement à cette question, il semble cependant d'après quelques actes, que lors de la réalisation de son hypothèque la femme est préférée à tous les autres créanciers. Nous ne donnons cependant ceci que comme une hypothèse, car nous ne pouvons savoir si la femme se trouvait dans les cas que nous en concours avec des créanciers qui de droit commun auraient dû la primer. Sur ce point on peut consulter les actes par lesquels un nommé Patma donne hypothèque à sa femme pour l'avantager au détriment des enfants qu'il avait eus d'un premier mariage, et que M. Eugène Révillont a publiés dans la Revue égyptologique (1). Notons en passant, que souvent nous trouvons une intervention d'une mère dans le contrat de mariage de son fils, cette intervention n'est autre chose qu'une renonciation à son hypothèque nuptiale. Nous reviendrons tout-à-l'heure sur ce point.

Les prêts sont aussi souvent garantis par l'hypothèque. Nous ne voulons point revenir longuement sur ce point, dont nous avons déjà parlé. Nous nous contenterons donc de citer quelques documents égyptiens, relatifs à cette partie.

1. 1ʳᵉ année, nᵒˢ II et III, p. 130.

Dans les Papyrus du Vatican, nous trouvons deux actes relatifs à des prêts de denrées. Un taricheute probablement assez grand propriétaire foncier, prête à plusieurs individus du nôme d'Heliopolis, du blé et de l'huile. Il stipule la restitution et en même temps une garantie pour cette restitution. Ces actes sont datés, le 1er du 21 Tybi, de l'an IX des rois Cléopatre et Ptolémée, le 2e, du 29 Tybi, de la même année. Après avoir énuméré les denrées prêtées, ils se terminent ainsi : Le 1er « Si je ne fais selon toute parole ci-dessus, comme il est écrit ci-dessus, je donnerai deux argenteus, en sekels 10, deux argenteus en tout, pour les sacrifices et les libations des rois, dans le délai de deux jours, et cela de force et sans délai. » — Le 2e « Tous mes biens qui sont à moi et que je posséderai, sont en garantie hypothécaire du droit de l'acte ci-dessus. » Nous nous trouvons donc en présence de deux prêts consentis par le même individu, la même année et garantie par deux sûretés différentes. La clause pénale dans un cas, l'hypothèque dans l'autre. Nous retrouvons la même dualité dans deux autres papyrus de New-York portant les nos 373 et 374 (1). C'est qu'en effet en Egypte la clause pénale remplace quelquefois l'hypothèque. Nous ne trouvons jamais ces deux sûretés réunies. La clause pénale on *amende au roi*, s'échange contre l'hypothèque. Là où on la rencontre, on ne trouve pas notre garantie réelle.(2)

(1) Voir tous ces actes, Revue égypt. 1re année p. 25 et suiv.

(2) L'amende au roi est plus ancienne que la clause pénale. Dans les contrats égyptiens comme dans les actes assyriens et dans les formu-

4° *Comment se réalise et comment s'éteint l'hypothèque?*

Nous venons de voir que l'hypothèque se constitue par un simple contrat. Prenons, par exemple, un prêteur, qui a fourni de l'argent à un individu, qui doit le lui rendre un an après, avec les intérêts. Il a de plus stipulé une hypothèque. Le terme arrivé, l'emprunteur ne peut pas payer sa dette. Comment les choses vont elles se passer. Notons d'abord que l'hypothèque garantira, à la fois, le capital et les intérêts, et voici de quelle manière. Le prêteur a fourni son argent pour un an, l'emprunteur n'est pas libre de le rembourser avant ce terme, on comptera donc les intérêts de l'année qui sont de 33 0/0 et on les ajoutera au capital, le chiffre ainsi formé, sera celui stipulé dans la créance garantie par l'hypothèque. Voici maintenant la manière dont on réalisera cette hypothèque. L'emprunteur n'a fait que promettre la garantie sur son bien, mais par ce fait même, il l'a grevé d'un droit réel au profit de son créancier. Il ne peut plus disposer librement de ce bien. Le terme arrivé, il ne peut pas payer, l'emprunteur l'oblige à se désaisir en le forçant à lui faire un écrit pour argent. C'est ce que nous apprennent plusieurs actes, en voici un traduit exprès à notre intention par M. Eug. Révillont :

« L'an V, Athyr du roi Hormachis, le bien-aimé d'Iris et
« d'Aman ra Pethès, celui qui dit au laboureur Pet Lorpra,

les de l'époque franque nous trouvons que c'est non seulement contre les ayant cause mais encore contre les tiers que la clause pénale est prononcée. Celle-ci ne serait peut-être qu'une dérivation de l'amende au roi que celui-ci faisait toujours payer.

« fils de Paxi, dont la mère est Nofrestep : tu as deux argen-
« teus et un dixième en sekels dix et demi à me réclamer
« au nom des argenteus que tu m'as donnés. Que je te donne
« au terme de 30 Pachons dans sept mois l'argent d'eux.
« Si je ne te donne pas cela au temps et jour ci-dessus je
« te donnerai l'hemiolion en plus en Payni, le mois qui suit,
« de force et sans délai. Je ne puis te dire je t'ai déjà fait
« leur droit (auparavant). Je t'ai donné ma maison qui est
« dans le quartier du centre en gage hypothécaire de cette
« somme jusqu'à ce que je t'ai soldé au temps et jour ci-
« dessus. *Si je ne paye pas cette somme, tu m'obligeras à*
« *te faire un écrit pour argent sur ma maison ci-dessus,*
« *au mois après le mois nommé de force sans délai.* Ton
« argent prend puissance pour toutes les paroles qu'il dira
« à mon égard au nom de tout ce qui est écrit ci-dessus ; je
« les exécuterai à son égard en tout temps de force et sans
« délai sans aucune opposition. »

Comme on le voit, le créancier hypothécaire se fera faire
un écrit pour argent, il saisira pour ainsi dire le bien, et si
peu après il n'est pas payé, il forcera le débiteur qui aura
conservé la possession, à faire aussi l'écrit de cession. Cet
écrit est, en effet, toujours promis dans l'écrit pour argent.
La personne pour laquelle sera fait cet écrit est désignée
dans le premier acte. S'il y a plusieurs créanciers, ils
seront colloqués à leur rang. Mais quel sera ce rang. Là est
la difficulté ; aucun acte ne nous donne de renseignements
sur ce point. Il faut cependant admettre que la règle *prior*

tempore, potior jure existait. Les hypothèques, en Egypte, étaient d'ordinaire générales, si cette règle n'avait pas été suivie, notre garantie serait devenue à peu près un droit illusoire. Nous possédons, comme acte de réalisation d'hypothèque, un document important. C'est un Papyrus écrit en grec, à Memphis, appelé Papyrus de Zoïs. Il a été publié par un savant viennois. M. Karl Wessely. Dans cet acte qui est de l'an 136 avant J.-C., nous voyons une femme qui ayant cautionné un fermier de l'impôt et ne pouvant payer, donna l'hypothèque sur son jardin. L'hypothèque fut réalisée, le jardin vendu, et le prix distribué entre les créanciers hypothécaires, Téodoros et Darion (1).

L'hypothèque s'éteint comme tous les droits accessoires par la perte ou l'extinction de la créance principale. Mais elle peut aussi s'éteindre directement. On peut renoncer à l'hypothèque. Nous voyons même souvent de telles renonciation, en Egypte, surtout à propos des hypothèques des femmes mariées. Quand un fils de famille se marie, il se reconnaît, comme nous l'avons vu plus haut, à Memphis du moins, débiteur d'une certaine somme envers sa femme et celle-ci s'assure de sa créance au moyen d'une hypothèque légale sur les biens de son mari. Mais ces biens ne sont souvent autres que ceux du père concédés au fils comme donation ou comme part anticipée de succession. Ces biens sont grevés de l'hypothèque légale de la mère. Celle-ci aban-

1. Karl Wessely, Die griechischen Papyri dar Kaiserlichen Sammlugen Wiens, p. 14 et suiv.

3

donne son hypothèque au moyen d'une adhésion au contrat
de mariage. C'est ainsi que nous avons, à la suite d'un contrat de mariage, que nous avons cité. « *Adhésion*. La femme
« Héribast, fille de l'arclentaphioste Sohet, dont la mère est
« Héri dit : « Reçois l'écrit ci-dessus de la main de Pétésé
« fils de Chonouphis dont la mère est Héribast, mon fils
« ainé ci-dessus nommé. Qu'il agisse envers toi dans toute
« parole ci-dessus comme il est écrit ci-dessus et que
« j'accomplisse toute parole ci-dessus, mon cœur en est
« satisfait ; s'il n'agit pas envers toi selon toute parole
« ci-dessus, comme il est écrit ci-dessus, moi-même je les
« accomplirai de force sans délai. » Il y a ici à la fois une
renonciation à l'hypothèque et une caution. Telle était l'hypothèque égyptienne, constituée bien des siècles avant J.-C.,
et que les différents conquérants de l'Egypte, y compris les
Romains respectèrent pendant longtemps. C'est ainsi que
sous Alexandre Sévère, nous trouvons une femme prendre
hypothèque dans son contrat de mariage et bien que, agissant
à la manière romaine, se servir de l'hypothèque égyptienne (1).

1. Le document auquel nous faisons ici allusion est complètement
inédit. C'est un Papyrus de Vienne, appartenant au fonds du Faium. Il
est malheureusement fort endommagé. M. Wesseley, qui doit bientôt
le publier, a bien voulu nous en communiquer la substance.

DROIT ROMAIN

DU RANG DES HYPOTHÈQUES

CHAPITRE Ier

DES ORIGINES DES HYPOTHÈQUES A ROME. = INFLUENCE DE
CES ORIGINES SUR LE RANG DES HYPOTHÈQUES.

Longtemps après que les législations que nous venons de
décrire avaient atteint leur parfaite éclosion les Romains ne
connaissaient pas encore l'hypothèque.

Originairement, dans Rome, les sûretés personnelles furent
préférées et lorsque les sûretés réelles entrèrent dans la
législation, elles y apparurent avec une forme bien primitive.
L'origine de l'hypothèque ou plutôt la première forme de
sûreté réelle fut le contrat de *Fiducie*. Celui qui voulait affecter une chose en garantie de l'obligation qu'il contrac-
tait, devait *transférer* la propriété de cette chose au créancier. Ce transfert se faisait au moyen d'une *mancipation* ou
d'une *cessio in jure*. Puis à ce contrat principal on en ajou-
tait un, accessoire, appelé contrat de fiducie par lequel le

créancier s'engageait à retransférer la propriété de l'objet reçu par lui, lors de l'acquittement de la dette. Cette forme de garantie avait de grands avantages pour le créancier, qui se trouvait nanti d'un gage certain et dont il pouvait disposer; mais elle avait des inconvénients immenses pour le débiteur et pour le créancier lui-même. Pour le débiteur, qui perdait la propriété de sa chose et qui se livrait complètement à la bonne foi de son créancier. Celui-ci, en effet, devenu propriétaire pouvait aliéner la chose qu'il avait reçue ; il ne le devait pas, c'est vrai ; mais s'il était de mauvaise foi, le débiteur ne s'en trouvait pas moins désarmé contre lui et ne pouvait exercer que l'action *fiduciæ directa,* bien insuffisante en cas d'insolvabilité du créancier malhonnête. Primitivement même il est probable que le débiteur était forcé de s'en remettre complétement à la bonne foi du créancier et qu'il n'avait aucune action pour réclamer ce qu'il avait engagé. Il en était ainsi originairement pour le fideicommis et pour la *res uxoris* que le mari ne rendait que s'il le voulait bien et en exerçant telles retentiones qu'il jugeait équitables (1).

Le créancier lui-même dans la Fiducie n'était pas dans une position aussi favorable qu'on pourrait le croire au premier abord. Il devait d'abord conserver et soigner la chose qui lui avait été concédée. S'il avait fait des dépenses pour l'entretien de cette chose, il pouvait se les faire rem-

1. Sic: Jourdan. L'hypothèque, page 39.

bourser au moyen de l'action *fiduciæ contraria*. Puis s'il était honnête et complètement de bonne foi il ne pouvait pas vendre le gage, même en cas de refus de payement à l'échéance de la dette. Il en était réduit à exercer l'action personnelle née du contrat en vertu duquel il était devenu créancier et à faire vendre *trans Tiberim* le débiteur récalcitrant ou insolvable. C'est alors seulement qu'il pouvait réaliser son gage, car la mort civile de ce débiteur entraînait l'extinction de tous ses droits et par suite de l'action de Fiducie.

Le peuple romain, essentiellement pratique, avait bien, il est vrai, trouvé quelques palliatifs à ces inconvénients. Par la *lex commissoria* qu'on joignait au contrat de fiducie, il était convenu que si le créancier n'était pas payé à l'échéance de la dette il garderait la chose en payement. Puis intervint le pacte *de vendendo* qui n'avait pas pour objet de donner au créancier le droit de vendre, qu'il avait déjà comme propriétaire, mais bien celui de se soustraire aux conséquences de l'action de fiducie. Ce pacte finit par se généraliser et bientôt il fut regardé comme toujours sous-entendu dans notre contrat; tellement que le pacte *ne vendere liceat* ne produisit plus d'autre effet que d'imposer au créancier l'obligation de dénoncer la vente au débiteur pour qu'il pût exercer un droit de préemption(1). (Paul Sent: L. II, T. XIII).

1. Voir pour toutes les questions qui se rapportent au pacte de fiducie la Table de Barrameda et la belle étude qui en a été faite par M. Gide, Revue de législation 1870, page 14. Voir aussi Rudorf: Pfanklagen p. 190.

Il faut ajouter pour en finir avec le pacte de fiducie que le
débiteur qui avait recouvré sa chose pouvait la prescrire,
sans juste titre ni bonne foi, par un laps de temps d'une année seulement, qu'il s'agisse d'immeubles aussi bien que de
meubles. C'était en quelque sorte une protection qui lui
était accordée contre le créancier de mauvaise foi. Cette
usucapion abrégée était appelée *usureceptio*. (Gaïus III. 201
et II. 60).

Malgré ces palliatifs, le contrat de fiducie n'en restait pas
moins fort incommode, aussi fit-on un pas en avant vers le
progrès en instituant le gage, *Pignus*. Le Pignus était un
contrat par lequel le débiteur remettait au créancier seulement la possession de la chose affectée à la sûreté de la
dette. Le débiteur conservait donc la propriété et avait pour
reprendre l'objet qu'il avait engagé soit l'action *pigneratitia
directa*, qu'il pouvait intenter contre le créancier gagiste,
soit la revendication qui lui servait contre tout autre détenteur. Quant au créancier il n'avait que la possession et encore une possession un peu incomplète démembrée pour
ainsi dire. Il avait bien les interdits pour se faire maintenir
ou remettre en possession de son gage, mais c'était le débiteur qui conservait le droit de prescrire la chose qu'il avait
affectée au paiement de sa dette, ce qui a fait dire à M. de
Savigny que le créancier gagiste n'avait la possession que
par *dérivation*. Remarquons cependant que ce créancier
possédait à l'encontre de tous, même à l'encontre du véritable propriétaire.

Primitivement le créancier gagiste n'avait que le droit de se maintenir en possession de son gage, et s'il n'était pas payé à l'échéance il ne pouvait sans commettre un vol vendre ce gage (Loi 73, D. Liv. XLVII. Tit. II). Le droit de vente devait donc lui être concédé expressément. Mais cette clause étant devenue de style, elle finit par être sous-entendue ; on en vint même à la considérer comme tellement essentielle que si une convention contraire était stipulée on n'en tenait aucun compte. La défense de vendre forçait seulement le créancier gagiste à faire au débiteur trois dénonciations avant d'exercer son droit.

Quand l'hypothèque eut été introduite dans la législation romaine le gage changea de caractère. Si le créancier gagiste vient à perdre la possession il a le droit d'agir par une action *in rem*, comme un créancier hypothécaire, c'est ce qui fait dire à Justinien dans ses Institutes : « Inter pignus et hypothecam, quantum ad actionem hypothecariam attinet, nihil interest. » (Inst. § 7. Liv. IV. Tit. 6). Du reste Justinien avait encore rapproché le gage de l'hypothèque à un autre point de vue. Comme nous venons de le voir au temps des jurisconsultes classiques le droit de vente était de l'essence du gage. Justinien crut devoir apporter au droit de vendre des délais qui en diminuèrent singulièrement l'efficacité. Les conventions que les parties avaient faites sur la vente du gage devaient être respectées ; et si elle n'en avaient pas fait le créancier devait attendre deux ans, après l'échéance de la dette, avant de vendre l'objet à lui engagé ou hypothéqué : (Code, Loi 3, Liv. VIII, Tit. 34).

L'établissement du Pignus accomplissait un progrès sur le contrat de fiducie, mais le gage offrait encore de nombreux inconvénients tant pour le débiteur que pour le créancier gagiste lui-même. Pour le débiteur : Du jour où il avait engagé une chose à un créancier, quelle que soit la valeur de cette chose, il ne pouvait en faire l'objet, d'un autre gage. Puis il était privé de la possession de cet objet ce qui pouvait avoir de nombreux inconvénients. On avait bien essayé de remédier à ce mal au moyen du louage ou du précaire, mais le *precarium* était révocable *ad nutum* et le remède était insuffisant (1). Pour le créancier lui-même le gage offrait certains inconvénients. Il avait la garde et l'administration de la chose engagée et de ce chef ; il était responsable de ses fautes. Il fallait donc trouver un système de garanties dans lequel ces inconvénients se trouveraient évités, dans lequel le débiteur ne serait pas dépossédé de sa chose, bien que le créancier fut certain de voir cette chose répondre de la solvabilité de son propriétaire. Ce fut par l'hypothèque que ce dernier progrès se trouva réalisé.

Qu'est-ce donc que l'hypothèque et d'où vient-elle ? Voilà les deux questions qui nous restent à examiner avant d'entrer dans l'étude du rang des hypothèques.

« L'hypothèque consiste à affecter une chose au paiement « d'une créance, en ce sens que si le créancier n'obtient pas « satisfaction à l'échéance, il a le droit de vendre la chose hy-

---

1. Voir sur ce point Pothier. Pandectæ in novum ordinem : De precaria nº 2 et 7 et L. 6, § 4. D. XLIII. — 26 et L. 40, § 2. D. XLI, 2.

« pothéquée et d'employer jusqu'à concurrence de ce qui lui
« est dû le prix provenant de la vente à l'acquittement de
« sa créance. » (1) Ce fut le préteur qui organisa l'hypothèque. Il admit que par une simple convention le débiteur
pourrait affecter à la sûreté de sa dette un objet quelconque
dont il garderait la propriété, la possession et même la
détention. Le créancier reçut en même temps un triple droit
de préférence, de suite et de vente sur l'objet, et on lui
donna une action *in rem* pour se faire mettre en possession
si à l'échéance la dette n'était pas payée. Le premier pas
dans la voie de l'hypothèque fut fait par le préteur Servius,
qui n'eut en vue qu'un cas particulier, celui d'une convention
intervenue entre le bailleur d'un fonds rural et le colonus.
Lorsque le propriétaire d'un tel fonds avait, lors de la location,
stipulé que les instruments d'exploitation et les meubles du
fermier répondraient du paiement des redevances, on lui
donnait le droit de poursuivre son gage dans les mains des
tiers détenteurs. (2) La raison de ce privilège est facile à comprendre : le fermier n'avait souvent à offrir en gage que ses
instruments aratoires, indispensables pour lui à l'exploitation du fonds. Bientôt on comprit combien pouvait être utile
la généralisation du droit qu'avait créé Servius et les Pré-

1. Machelard. Textes de droit romain, page 106.
2. Le droit égyptien au contraire interdisait formellement l'hypothèque des instruments de culture. Il faut dire que dans la vallée du Nil
la culture se faisait en commun et était une véritable corvée qui n'aurait pu être accomplie si les habitants avaient manqué de leurs instruments de labour.

teurs subséquents décidèrent qu'il suffirait dans tous les cas d'une convention pour autoriser au profit d'un créancier quelconque une action réelle qui fut appelée *quasi-Ser vienne* ou *hypothécaire*. Le droit qui donnait naissance à cette action fut nommé *obligatio rei* ou *hypotheca*.

L'hypothèque fut donc à Rome un simple pacte, offrant beaucoup d'avantages sur le contrat de gage et sur la fiducie. La même chose peut être hypothéquée successivement à plusieurs créanciers ; le débiteur peut même hypothéquer une chose future qui n'est pas encore dans son patrimoine au moment de la convention. L'hypothèque laisse au débiteur la jouissance de la chose ; enfin elle lui permet de l'affecter en garantie à plusieurs dettes.

A sa naissance, l'hypothèque n'engendrait probablement que le droit de se faire mettre en possession de la chose hypothéquée, le droit de vente ne fut pas originairement de l'essence de l'hypothèque.

Ce n'est pas ici le lieu de suivre le développement de l'hypothèque romaine, nous n'avons à étudier que le rang des hypothèques, aussi nous contenterons-nous d'indiquer les effets de cette institution, lorsqu'elle fut arrivée à sa maturité complète. Trois effets principaux sont attachés au droit hypothécaire :

1° La faculté de se faire mettre en possession de l'objet hypothéqué à l'échéance, en cas de non payement, dans quelques mains que soit cet objet. C'est ce à quoi on arrive par l'action quasi-Servienne.

2° Le droit pour celui qui s'est fait mettre en possession

de vendre le bien hypothéqué. Ce droit n'appartient pas à tous les créanciers, celui-là seul qui est en possession a droit de vendre.

3° Le droit de se faire payer sur le prix de la vente de préférence aux créanciers chirographaires ou hypothécaires dont les droits sont moins forts. En effet, tous les créanciers hypothécaires ne possèdent pas les mêmes droits, ils ont entre eux un rang, et s'il peut se faire que parfois ils aient des droits égaux, le plus souvent il en est qui priment les autres. Certaines créances hypothécaires sont préférables aux autres. C'est le rang des hypothèques que nous allons avoir à étudier.

Mais avant de passer à l'étude du rang des hypothèques, il faut nous arrêter un instant sur l'origine de l'hypothèque à Rome. C'est là une question qui paraît à première vue bien éloignée de notre sujet. Il n'en est rien, il s'y rattache croyons-nous, directement. Comme on va le voir en effet, tout en n'admettant pas que l'hypothèque romaine a une origine étrangère, nous pensons que l'influence de certaines législations de l'Orient et de la Grèce a eu de graves conséquences sur le rang de certaines hypothèques.

L'origine de l'hypothèque romaine a été depuis quelques années l'objet de nombreuses controverses. Deux systèmes bien séparés l'un de l'autre ce sont produits. L'un, attribuant à cette institution prétorienne une origine étrangère, l'autre ne voyant en elle qu'une institution nationale et un développement même du génie juridique des Romains.

Les partisans du premier système font remarquer que le mot hypothèque (ὑποθήκη) est purement grec, qu'on ne voit que tard dans les textes juridiques romains apparaître cette institution qui n'a pénétré dans les mœurs juridiques de la Ville éternelle qu'avec l'invasion des idées grecques (1).

Les partisans du second système prétendent au contraire que l'hypothèque romaine n'a rien emprunté aux législations étrangères et qu'elle est un développement du génie national romain lui-même. Ils s'appuient sur ce que l'hypothèque est une institution de crédit universel, qu'on retrouve dans toutes les législations des peuples civilisés. Ils font remarquer que l'hypothèque à Rome est loin d'être semblable à l'hypothèque grecque; ils insistent surtout sur ce point que l'hypothèque romaine manque complètement de publicité. En un mot disent-ils, son origine, sa forme, ses effets sont romain. Tout est romain dans cette institution.

Quel est de ces deux systèmes celui qu'on doit préférer? Je crois qu'il y a dans chacun d'eux une part de vérité. Comment ne pas admettre avec M. Jourdan (2) et après les nombreux témoignages qu'il en apporte que l'hypothèque a été connue à Rome sous la république. Que voudraient dire à chaque instant dans les anciens auteurs Caton, Plaute, Térence etc., ces mots *Pignus suppositum* —

1. Accarias. Précis de droit romain. Tome 1er. Page 694. D'après le savant auteur, l'hypothèque n'aurait guère pénétré à Rome que vers le second siècle de l'ère chrétienne.

2. Jourdan. L'Hypothèque. Première partie, chap. XI, p. 84 et suiv.

Res pignori opposita sans cesse en opposition avec les mots *Contrat de Fiducie* et *Pignus* tout court.

Peut-on, comme on l'a essayé, voir simplement un contrat de Fiducie dans les vers suivants de Catulle :

> Furi, villula nostra nos ad Austri
> Flatus opposita est, nec ad Favoni,
> Nec sævi Boreæ aut Apeliotœ
> Verum ad millia quindecim et ducentos
> O ventum horribilem atque pestilentem !
>
> (Catulle Carmen, XXVI, *ad Furium*).

Peut-on surtout nier l'hypothèque comme mode de garantie des créances privées, quand il est aujourd'hui certain que l'Etat s'en servait pour se garantir contre ses débiteurs. L'Etat en effet connaissait l'hypothèque sous le nom de *jus prædiatorum*. Celui qui achetait aux enchères des immeubles du domaine public ou celui qui se portait adjudicataire des travaux de l'Etat devait fournir une garantie sur ses biens. D'après une loi Thoria, il devait dans les 120 jours *subsignare prædia*, c'est-à-dire désigner certains biens qui étaient affectés au paiement de ses obligations. Ces biens étaient inscrits sur un registre public avec la déclaration de gage signée du débiteur et iis restaient entre ses mains. Qu'y avait-il là, sinon une hypothèque véritable ?

L'hypothèque a donc été connue des Romains d'assez bonne heure, mais à son origine elle fut probablement une garantie assez mal organisée. Le préteur la protégea d'abord par des interdits, puis il finit par la munir d'une action. A quelle époque se passa cette transformation, c'est ce qu'il est pour ainsi dire impossible de préciser. Cependant, c'est ici que nous pensons que l'influence étrangère se fit sentir sur le droit romain. De bonne heure les Quirites connurent le droit hypothécaire des Grecs. Un historien du IVe siècle de notre ère, Amien Marcellin, nous raconte que lorsque les Romains descendirent dans le sud de l'Italie, au devant de Pyrrhus, deux choses nouvelles les frappèrent, les éléphants qui suivaient l'armée du roi et les ὁροί ou bornes hypothécaires plantées dans un grand nombre de champs. Ce n'est cependant qu'après la conquête du monde que les jurisconsultes romains eurent connaissance des législations de l'Orient. Vers la fin du IIe siècle ou le commencement du IIIe, une grande école de droit existait à Berythe. De cette école sortait Ulpien et autres jurisconsultes de grand talent. C'est vers la même époque que nous voyons le droit hypothécaire se fixer à Rome, prendre sa forme définitive et emprunter le fonds de l'institution à l'Orient en revêtant la forme de l'action prétorienne purement romaine.

Il y a là, je le crois, une influence considérable des législations orientales sur le droit romain. Comment ne pas croire à cette influence quand nous voyons non seulement Ulpien, comme nous le disions, mais encore un bon nombre de jurisconsultes dont les fragments ont été insérés au Digeste sortir de la grande école phénicienne. Comme le remarquait dans un article tout récent de la *Nouvelle revue historique de droit français et étranger* M. de Lapouge, sous les princes Syriens, ce sont des jurisconsultes orientaux qui tiennent les plus grandes charges de l'empire. Faut-il parler de Papinien, un araméen élevé aux portes de la Babylonie, au milieu des idées babyloniennes, qui fut si longtemps *magister libellorum* ; de Paul qui s'il n'est pas un oriental est certainement affilié à des sectes qui touchent de bien près à l'Orient ; et surtout d'Ulpien qui nous dit lui-même : « Secundum est esse quasdam colonas juris italici, ut est in Syria Phenice splendidissima Tyrorum colonia *unde mihi origo est.* » Faut-il aussi à propos de l'influence du droit oriental sur le droit romain rappeler l'éloge que fait Justinien lui-même de la grande école de Berythe qu'il appelle « *Legum civitas* » dans la loi 3, § 9, tit. XVII du livre 1 du Code ; de ce livre qui devait servir comme de préface au Digeste. Comment quand on voit l'hypothèque s'introduire ou plutôt se généraliser à Rome à l'époque de ces jurisconsultes ne pas croire à une influence orientale, (et ici je me sépare des conclusions de M. de Lapouge), sans avoir besoin de passer par la Grèce.

Mais je pense aussi que l'influence des droits orientaux s'est fait sentir sur le droit romain à un autre point de vue. Je veux parler du rang des hypothèques.

Au point de vue du rang, nous aurons à voir plus loin que la législation romaine a connu certaines hypothèques privilégiées, ayant un rang supérieur à d'autres, bien que leur étant postérieures en date. Or, si nous parcourons les différentes législations de la Grèce et de l'Orient nous voyons que ces mêmes hypothèques étaient privilégiées dans ces législations. Ainsi l'hypothèque demandée et reçue par une personne comme garantie des dépenses faites pour la conservation d'une chose déjà hypothéquée était en droit romain une hypothèque privilégiée. Il en était de même en droit grec et en droit babylonien. Ce qu'il y a de plus remarquable c'est que les exemples que nous citent les jurisconsultes romains (Lois 5 et 6, Liv. XX, Tit. 4) sont justement empruntés au droit maritime, et ont trait à des hypothèques sur des navires et sur leur chargement, hypothèques qui existaient déjà en Grèce comme privilégiées. Si nous parcourons les autres hypothèques légales du peuple romain nous y verrons l'hypothèque de la femme mariée (Loi 12, Code, *qui potiores assiduis*) et l'hypothèque du fisc (Code, Loi 1re, 4, 46). Ces deux hypothèques existaient déjà comme hypothèques générales dans les législations orientales. Nous l'avons montré en droit égyptien et à Babylone la reprise de la dot de la femme, son don nuptial, tout ce qui touche en un mot à l'avoir matrimonial de l'épouse est garanti par une hypothèque générale sur les biens du mari. Cette hypothèque était-elle privilégiée, nos documents ne nous permettent pas de l'affirmer absolument, mais il semble bien que oui, car souvent nous voyons la femme même au cours du mariage réaliser son avoir et exercer son droit hypothécaire sans que les autres créanciers de son époux s'y opposent d'aucune manière.

Ce sont les empereurs du Bas-Empire qui les premiers pro-

tégèrent d'une manière aussi efficace la femme contre les dé-
prédations possibles de son mari. Ne doit-on pas reconnaître
que c'est sans doute grâce à l'influence de ces législations avec
lesquelles ils se trouvaient en contact, et que leurs conseillers
et leurs jurisconsultes avaient étudiées, que l'idée leur vint
de remplacer les anciennes sûretés du droit romain par l'hypothèque légale.

On a remarqué que l'hypothèque romaine manquait complètement de publicité, que même dans le dernier état de la
législation on n'avait pris aucune précaution pour porter ce
droit réel à la connaissance des tiers. On a dit qu'il y avait là
un grand défaut d'autant plus facile à éviter que les Grecs
avaient donné au peuple des Quirites l'exemple d'une publicité suffisante bien qu'un peu puérile. Un timide essai fut
bien tenté par l'empereur Léon en 469 lorsqu'il déclara
qu'une hypothèque constatée par acte public ou par acte
privé, signé de trois témoins irréprochables, primerait les
hypothèques plus anciennes (1). Mais il n'y avait pas là une
véritable réforme assurant une publicité véritable. Aussi
M. Accarias conclut-il que « le régime hypothécaire resta
« toujours ce qu'il avait été à l'époque classique, une con-
« ception admirable de justesse, mais sans organisation pra-
« tique, comparable à une horloge bien réglée dont le ca-
« dran ne marquerait pas les heures. »

Doit-on réellement faire aux Romains le reproche si grave

1. Nous aurons occasion de montrer dans la suite de notre étude que
la constitution de Léon n'a pas la portée qu'on lui attribue.

4

de n'avoir pas compris le besoin économique qui résulte de la publicité des hypothèques ? Comment comprendre que dans une institution prétorienne c'est-à-dire toute pratique, on ait complétement négligé le côté justement pratique de la question ? La réponse à cette objection est bien simple et je la trouverai encore dans l'origine orientale de l'hypothèque. Comme je l'ai fait remarquer, comme je crois l'avoir démontré la théorie hypothécaire romaine a pris sa forme définitive sous l'influence des jurisconsultes de l'école phénicienne. Or qu'avaient vu ces jurisconsultes ? Des régimes hypothécaires fonctionnant parfaitement, depuis des siècles, soit en Egypte, soit en Assyrie, sans la moindre publicité. Ils imitèrent simplement ces législations. Quant à la Grèce si ces hypothèques sont publiques, elles ne le sont pas toutes, dans l'opinion que nous adoptons tout au moins, et de plus leur publicité primitive fut souvent une grande cause de gêne. Cette seule remarque suffirait pour montrer que le régime hypothécaire romain n'est pas d'origine grecque et que si on veut lui assigner une source étrangère c'est dans la législation des anciens empires orientaux qu'il faut aller le chercher.

CHAPITRE II.

DU RANG DES HYPOTHÉQUES.

Nous avons maintenant à étudier le rang que les hypothèques ont entre elles. Ce rang, disons-le de suite, est fixé en règle générale par la date de la naissance de l'hypothèque. Celle-ci, en effet, est un *jus in re*, un droit réel opposur sable à tous. Celui qui reçoit un droit hypothécaire, acquiert sur la chose à lui affectée un droit réel, absolu, immédiat, auquel personne ne doit porter atteinte et moins que tout autre celui qui l'a consenti. Le débiteur ne pourra donc après la constitution d'une première hypothèque en donner une autre préférable ou même égale à cette première. Il a aliéné un droit dont il ne peut plus disposer : « Nemo plus juris transferre potest quam ipse habet. » Cependant comme l'hypothèque ne confère pas au créancier un droit de jouissance, la même chose peut être grevée de plusieurs hypothèques ; d'abord quand toutes ensemble n'excèdent pas la valeur de la chose, mais même lorsqu'elles l'excèdent de beaucoup. Ces hypothèques seront valables et utiles, car le premier créancier pouvant être désintéressé, le droit des autres se trouvera consolidé.

Mais plusieurs hypothèques peuvent être constituées ensemble, dans ce cas le rang de chaque créancier est égal, ou plutôt il n'y a pas à proprement parler de rang. De nombreuses questions s'élèvent cependant dans cette hypothèse. Nous allons avoir à les examiner. Enfin la loi peut quelquefois déranger l'ordre naturel des droits. Elle peut déclarer que telle hypothèque née cependant après telle autre lui sera préférable. Dans ce cas nous avons une hypothèque privilégiée.

Trois situations sont donc à examiner : 1° Les divers créanciers sont tous convenus en même temps du gage. 2° Ils ont traité à des époques différentes. 3° Ils ont reçu de la loi un rang préférable. Chacune de ces situations fera l'objet d'un paragraphe spécial.

I

Les différents créanciers hypothécaires sont tous convenus en même temps du gage. Nous venons de le dire la situation n'offre dès l'abord aucune difficulté ; elle est réglée par ce principe formulé par Pothier dans ses *Pandectes* : « *Qui concurrunt tempore, concurrunt jure.* » C'est ce que nous dit aussi le jurisconsulte Paul au Digeste, L. 20, § 1, XIII, 7 : « Si pluribus res simul pignori detur, æqualis omnium causa est ». Si une chose est donnée en même temps en gage à plusieurs, ils sont tous dans une position égale ». Si la chose hypothéquée est insuffisante pour désintéresser tous les créanciers, ils n'auront pas entre eux de droit de préférence, il y aura concours.

Ici commencent les difficultés. Les hypothèques peuvent avoir été créées simultanément, mais chacune sur une part indivise de la chose, ou bien les créanciers hypothécaires ont reçu les uns et les autres hypothèque *in solidum* en même temps.

Dans le premier cas il n'y a pas à vrai dire de concours, les deux hypothèques ne portent pas sur le même objet, elles ont l'une et l'autre une assiette différente. Les créanciers pourront intenter l'action hypothécaire *pro parte* soit contre les tiers, soit l'un contre l'autre. Dans le cas où plusieurs hypothèques auraient été créées simultanément sans solidarité sur une chose, comment le partage doit-il se faire ; par tête ou proportionnellement ? Quelle est la part indivise qui est hypothéquée à chacun des créanciers est-ce une part virile ou une part proportionnelle? C'est évidemment une part proportionnelle. Comment comprendre, en effet, qu'un créancier qui a fourni à son débiteur 2,000 sesterces et qui a traité en même temps qu'un autre qui n'en a donné que 1,000, a entendu ne prendre qu'une garantie égale à celle du créancier se dépouillant seulement de moitié. Pourquoi déroger ici à la règle générale qui veut que les créanciers viennent par parts proportionnelles sur les biens de leur débiteur? C'est du reste la doctrine qui résulte de la L. 16, § 8, XX, 1. « Lorsque deux créanciers ont pareillement reçu hypothèque, on

demande si chacun a hypothèque en proportion de la somme
à lui due ou pour moitié ? Il vaut mieux décider qu'ils profi-
tent de la somme engagée en proportion de leur créance:
*Et magis est ut pro quantitate debiti pignus habeant obli-
gatum*». On a cependant prétendu que telle n'était pas la
doctrine romaine, ou que tout au moins les jurisconsultes
n'étaient pas d'accord sur ce point. On a opposé à la doctrine de Marcien, exposée dans la loi que nous venons de
citer, deux textes l'un de Paul et l'autre d'Ulpien. Le premier est la L. 20, § 1, XXIII, 7, que nous exposions plus
haut : « Si pluribus res simul pignori detur, *æqualis* omnium
causa est ». Le second est la fin de la loi 10, XX, 1 (sur
laquelle nous aurons à revenir longuement tout à l'heure)
ainsi conçu : « per quam dimidiam partis apprehendant singuli », D'après ces deux lois, dit-on, les jurisconsultes romains auraient admis le partage viril et non le partage pro-
portionnel. Nous répondrons que le premier des textes cité
est bien général et qu'on ne peut faire sortir des mots
æqualis causa la doctrine qu'on veut nous proposer. Quant
au second il peut viser une hypothèse dans laquelle les deux
créances sont égales, du reste il est écrit pour le cas où
deux hypothèques ont été consenties *in solidum* et nous
aurons à voir qu'ayant été fortement remanié par les commissaires de Justinien on ne peut le considérer comme l'expression exacte de la pensée d'Ulpien.

Plusieurs hypothèques peuvent avoir été constituées simultanément *in solidum* sur une même chose au profit

de plusieurs. Ce cas est important à séparer du précédent, les créanciers n'ont pas ici chacun un gage spécial, ils ont un gage unique sur lequel ils vont concourir et lorsque l'un d'eux sera payé les autres auront encore hypothèque sur le tout, il y aura une sorte de droit d'accroissement. Cette théorie ne paraît cependant pas vraie de tout temps. Ulpien semble nous fournir un exemple contraire. Un créancier hypothécaire est mort laissant plusieurs héritiers. L'un d'eux Primus est payé par le débiteur, les autres vont-ils avoir le droit de poursuivre le créancier sur tout le gage. Oui, répond le jurisconsulte, mais à la condition par eux de rembourser au débiteur ce qu'il a payé à Primus. Et il ajoute : « Quæ sententia non est sine ratione. » (L. 11, § 4. XIII-7). Cette décision qu'Ulpien regarde comme si juste n'est cependant pas celle qui a prévalu, car nous trouvons au Code une constitution de Valerianus et de Gallienus qui autorise chaque cohéritier du créancier hypothécaire à vendre le tout pour une fraction de la dette, sans se préoccuper des intérêts du débiteur. : « Manifesti et *indubitati* « juris est, defuncto creditore multis relictis heredibus ac- « tionem quidem personalem inter eos ex lege duodecim « tabularùm dividi, *pignus vero in solidum unicuique* « *teneri.* » Cependant, il faut le dire, dans les partages, le juge tenait le plus souvent compte de l'intérêt du débiteur et tâchait autant que possible de mettre la créance munie de gage dans le lot d'un seul héritier ; ou encore il chargeait un héritier de recouvrer la créance pour les autres (LL. 7, § 12, X-3 et 29-X-2).

Plusieurs hypothèques peuvent être constituées *in soli-dum* non-seulement au cas d'une hérédité d'un créancier hypothécaire, mais encore dans bien d'autres circonstances. Un débiteur peut par exemple déclarer expressément qu'il hypothèque *in solidum* la même chose à deux individus ; diverses hypothèques peuvent avoir été consenties à des époques différentes, mais on est dans l'impossibilité d'établir l'antériorité de l'une sur l'autre, enfin différents créanciers ont acquis à des dates différentes une hypothèque sur des biens à venir. Dans toutes ces hypothèses il y a hypothèque constituée *in solidum*.

Nous appliquerons à ces hypothèques la règle *Qui concurrunt tempore concurrunt jure* et les créanciers auront chacun action pour le tout contre les tiers. C'est ce que nous dit Ulpien d'une manière formelle dans la loi 10-XX-1.

Mais comment régler le conflit lorsqu'il s'élèvera non plus entre le créancier hypothécaire et un tiers, mais entre co-créanciers dont l'un est nanti de la possession de l'objet hypothéqué ? Cette question est fort délicate parce qu'elle met en contradiction les textes avec les véritables principes de l'équité suivis particulièrement dans notre matière par les jurisconsultes romains.

D'après la loi 10-XX-1 ce serait le créancier nanti de la possession qui triompherait toujours. Ulpien nous dit, en effet, dans cette loi, en parlant des créanciers hypothécaires : « ... inter ipsos autem si quæstio moveatur, possi- « dentis meliorem esse conditionem ; dabitur enim possi-

« denti hæc exceptio : Si non convenit ut eadem res mihi « quoque pignori esset. » Le créancier nanti de la possession dirait donc à l'autre : « Je ne nie pas votre droit, je le reconnais au contraire, vous avez droit au tout, mais j'ai un droit égal au vôtre et je ne détiens rien au-delà de ce qui m'a été concédé. Il n'y a donc pas de raison pour que je vous abandonne ma possession, *in pari causa melior est causa possidentis.* » Telle est bien la solution qui nous est donnée au Digeste comme étant celle d'Ulpien. A n'en pas douter, c'est la doctrine dernière du droit romain, et au temps de Justinien, elle existait incontestablement. Mais était-ce la jurisprudence en vigueur au temps des jurisconsultes classiques ? c'est ce dont il est permis de douter, c'est même, on peut le dire, ce qu'on doit nier. Pourquoi, en effet, donner à la possession une si grande importance dans une question hypothécaire ? Comme le fait fort bien remarquer M. Machelard : « Il est difficile de saisir comment le « droit d'hypothèque étant indépendant de la possession, « cet élément de fait peut ajouter quelque valeur au droit « de l'un des créanciers et rompre l'équilibre entre deux « positions qui sont exactement semblables. » Il y aurait eu là une *inelegantia juris* qui n'aurait pas échappé aux juristes de la grande école. L'hypothèque est un droit réel comme la propriété, comme l'usufruit, elle est un *jus in re,* engendrant une action réelle qualifiée *vindicatio pignoris.* Pourquoi donc la traiter autrement qu'un droit réel ? Or, que se passera-t-il en matière de propriété ? Si nous supposons un legs par *vindicationem* fait à deux colégataires, il n'est pas douteux que la possession de l'un ne mettra pas obstacle à la révendication *pro parte* de l'autre. Chaque légataire a en effet un droit à la propriété du tout, propriété qui prendra naissance au moment de l'adition d'hérédité. Mais le testateur a entendu associer les deux colégataires à ce droit de propriété pour le cas où ils concourraient et l'un d'eux ne devenait réel propriétaire *in solidum*, pour le tout, qu'autant que l'autre faisait défaut. Il en est de même en cas d'usufruit. S'il existe un concours entre deux usufruitiers, l'usufruit se divise. C'est Papinien qui nous le dit dans la loi 5, D. VII-1. Pourquoi en serait-il autrement quand il s'agit d'une hypothèque?

Nous pensons donc qu'il y aura ici encore concours entre les deux créanciers. Du reste cette théorie nous semble implicitement contenue dans un texte du Digeste L. 2, XLIII, 33. « In salviano interdicto si in fundum communem duorum pignora sint ab aliquo invecta possessor vincet ; et erit eis descendendum ad Servianum judicium ». Voici l'hypothèse, un conflit s'engage entre deux bailleurs d'un fond rural sur les choses apportées par le locataire à propos de l'interdit Salvien. Ulpien nous dit que le possesseur l'emportera sur la question de l'interdit et que les parties seront obligées de faire juger l'affaire au fond c'est-à-dire quant à la question hypothécaire par le juge de l'action servienne. Mais alors à quoi servirait aux parties de suivre cette action si on adoptait la doctrine de la loi 10? Le demandeur n'aurait aucune chance de triompher puisque d'après ce fragment la possession doit assurer le triomphe au défendeur aussi bien dans l'action Servienne que dans l'interdit Salvien. L'espérance qu'Ulpien fait luire aux yeux du *locator* vaincu sur l'interdit ne serait-elle pas complètement illusoire ? On a bien essayé de concilier la loi 2 de Usufructu et la loi 10, XX, 1. Pothier prétendait qu'on irait devant le juge de l'action Servienne pour faire une preuve plus complète de la possession, le juge de l'interdit pouvant se contenter d'une semi-preuve d'une apparence de possession. (Pothier, *Pandectes de Just.* liv. XLIII, tit. 33, sub. L. 2, nº 2, note 6, édition Latrufe 1821). Une telle théorie est peu soutenable et il est arbitraire de supposer qu'un juge pût se contenter d'une preuve incomplète même en matière d'interdit. Rudorff et de Vangerow donnent une autre explication de la loi 2. Ils prétendent que la question qu'il s'agira de faire trancher par le juge de l'action Servienne sera celle du consentement donnée à l'hypothèque par le débiteur. Dans le cas de l'interdit Salvien il n'y aurait pas eu hypothèque constituée sur les *res invectæ*, dans le cas de l'action Servienne cette hypothèque aurait au contraire été consentie. Il ne s'agirait donc dans la première partie de la loi que d'une possession de fait et non d'une possession véritablement légitime. Il faut admettre que cette hypothèse est si non impossible du moins bien peu pratique et qu'il est peu probable qu'on ait consenti à lui faire une place à part dans le Digeste.

Il faut donc renoncer aux conciliations proposés et pour

notre part nous aimons mieux penser avec M. Machelard que la loi 10 a été fortement remaniée par les commissaires de Justinien. Cette loi primitivement devait parler non de l'action hypothécaire, mais de l'interdit Salvien. Aussi comprend-on qu'Ulpien y fait triompher le principe de la possession. En effet elle est tirée du livre LXXIII d'Ulpien sur l'édit. Or, dans ce livre, le jurisconsulte traitait des interdits. Mais à l'époque de Justinien l'interdit Salvien était à peu près complétement tombé en désuétude. C'était de l'action Servienne qu'usait le locator à l'égard de ce qui lui avait été affecté. Les compilateurs du Digeste déplacèrent donc de son véritable siège la loi d'Ulpien pour la transporter dans la matière des hypothèques, mais ici comme souvent ils substituèrent maladroitement le nom d'action Servienne à celui d'interdit Salvien et en voulant utiliser la solution émise par le jurisconsulte, ils la transformèrent complètement. On peut donc conclure qu'Ulpien admettait seulement la prédominance actuelle de la possession entre deux adversaires fondés l'un et l'autre à posséder le tout ; qu'il n'y avait là qu'une décision temporaire, qu'un droit intérimaire, pour ainsi dire, mais que quand la question se présentait devant le juge du fond, il y avait lieu à concours.

Pour nous résumer nous dirons donc que pour les hypothèques constituées en même temps, la règle est: *qui concurrunt tempore, concurrunt jure.* Si les hypothèques ont été constituées *pro parte* les créanciers auront un rang égal, mais ils ne pourront intenter l'action hypothécaire, soit contre les tiers, soit l'un contre l'autre que *pro parte*. Le partage se fera proportionnellement à la valeur de chaque créance. Si les hypothèques ont été constituées *in solidum* chacun des créanciers aura action contre les tiers pour le tout et entre eux *pro parte*.

II

La seconde situation est celle où les créanciers hypothécaires ont traité avec le débiteur à des époques différentes,
ou plutôt celle où les créanciers se sont fait concéder des
hypothèques à des époques distinctes.

Dans ce cas, la règle qui doit être appliquée, la règle qui
ressort de la nature même de l'hypothèque, de ce *jus in re* est
Prior tempore, potior jure. La préférence appartient à celui
qui le premier a fait avec le créancier le débiteur la convention d'hypothèque. Le rang du gage hypothécaire est réglé
par sa date. C'est cette seconde situation qui nous retiendra
le plus longtemps.

De nombreux conflits peuvent en effet s'élever, car les
créances ne sont pas toujours pures et simples. Elles sont
soumises à des modalités. Tantôt elles sont retardées par
un terme, tantôt leur existence dépend de l'arrivée d'une
condition. Enfin l'hypothèque elle-même peut être l'objet de
certaines modalités, elle peut être générale ou spéciale,
porter sur des biens présents ou des biens à venir. Dans
ces differents cas notre règle *Prior tempore, potior jure*
ne trouve pas toujours son application, aussi allons, nous les
reprendre en détail, et voir quel rang on doit assigner à
l'hypothèque dans chacune de ces espèces.

Quand l'hypothèque est constituée pour la garantie d'une créance pure et simple, le rang de cette hypothèque se fixe d'après la date de sa constitution. Le premier créancier à qui on aura donné la sûreté, sera le premier en rang, sera le préféré.

Il en sera de même dans le cas où l'accomplissement de l'obligation est retardé par un terme. En effet l'obligation existe d'une manière certaine, et rien n'empêche de donner dès aujourd'hui une garantie pour son accomplissement.

Mais la question devient beaucoup plus délicate quand il s'agit d'une créance conditionnelle? C'est on peut même le dire un des points les plus difficiles de notre matière. Les auteurs sont alors loin d'être d'accord sur le rang à assigner à l'hypothèque. Si celle-ci garantit une créance conditionnelle, mais dont la condition ne dépend pas de la volonté du débiteur, l'hypothèque prendra rang au jour de la convention, et son rang sera préférable à celui des hypothèques constituées entre cette convention et l'arrivée de la condition. Gaïus dans la loi (11, § 1, XX, 4) nous le dit formellement : *Videamus an idem dicendum sit, si sub conditione stipulatione facta, hypotheca data sit, qua pendente alius credidit pure et accepit eamdem hypothecam ; tunc deinde prioris stipulationis existat conditio, ut potior sit qui postea credidisset. Sed vereor num hic aliud sit dicendum cum enim semel conditio existit, perinde habetur ac si illo tempore, quo stipulatio interposita est, sine conditione facta esset ; quod est melius.* » Le jurisconsulte nous donne à la fois la règle et la raison de cette règle, qu'il rattache à la rétroactivité de la condition. Notre savant maître M. Bufnoir (1) tout en admettant la règle repousse la raison qui en est donnée et montre victorieusement que dans le cas ou de l'avis de tous la condition ne rétroagit pas l'hypothèque prend cependant naissance au jour de la convention et non au jour de l'arrivée de la condition. Ainsi l'hypothèque constituée *pendente conditione* pour sûreté d'un legs conditionnel aura son rang au jour de sa constitution. De même dans une obligation avec clause pénale l'hypothèque donnée pour garantie de cette clause datera du jour où elle aura été consentie.

Cependant toutes les hypothèques garantissant une dette conditionnelle n'ont pas rang au jour de la constitution. C'est ce que nous dit une loi 9, § 1, XX, 4 d'Africain. D'après ce texte l'hypothèque consentie *pendente conditione*, pour la sûreté d'une dette conditionnelle, n'a rang du jour où elle a été constituée qu'autant que la condition n'est pas de celles qui dépendent de la volonté du débiteur. Dans ce dernier cas le rang de l'hypothèque se place lors de l'accomplissement de la condition. « Amplius sub conditione creditorem tuendum putabat adversus eum qui postea quicquam deberi cœperit si modo non ea conditio sit, quæ invito debitore impleri non possit. » C'est sur ce texte que les commentateurs sont loin d'être d'accord. La majorité des auteurs modernes repousse cette doctrine de loi d'Africain généralement ad-

1. Théorie de la condition en droit romain, p. 283 et suiv.

mise autrefois. Bon nombre de textes viennent cependant lui prêter leur appui. Nous trouvons d'abord la loi 4, XX, 3. Dans cette loi Titius veut emprunter de Mœvius et il s'engage à l'avance à lui rendre la somme prêtée, puis il lui constitue une hypothèque pour garantie de sa créance. Ayant rendu certains objets hypothéqués avant d'avoir reçu la somme empruntée, on se demande si les objets hypothéqués ont passé dans la main du tiers acquéreur libres de toute charge ou si au contraire ils sont grevés du droit réel. Ils sont quittes si l'hypothèque a seulement rang du jour de la numération des espèces, ils sont au contraire grevés si elle date de la convention.

Paul tient pour le premier parti, parce que dit-il, *in potestate fuerit debitoris post cautionem interpositam pecuniam non accipere*. Et cependant, remarquons, Titius n'était pas tenu vis-à-vis de Mævius, malgré sa promesse, car la *condictio* de ce dernier aurait pu être repoussée par l'exception *non numeratæ pecuniæ*. La même doctrine est reproduite par Gaïus, loi 11, § 2, XX, 4, et par Papinien au même titre loi 1, § 1, sauf cette différence qu'il s'agit de régler le rang entre deux créanciers hypothécaires et non entre un créancier et un vendeur. Papinien décide sans donner aucun motif que la préférence doit appartenir au second créancier.

Il semble donc bien que la doctrine romaine était que toutes les fois qu'il dépendrait de celui qui avait constitué l'hypothèque de devenir ou de ne pas devenir débiteur, l'hypothèque prendrait rang non du jour de la convention, mais du jour où la dette se serait formée. Cependant, comme nous venons de le dire, les auteurs modernes repoussent avec raison cette solution. Il nous paraît, en effet, rationnellement difficile de comprendre pourquoi l'hypothèque change de date quand il dépend de celui qui l'a constituée devenir débiteur. De plus, dans certaines circonstances ce résultat est inadmissible. Prenons, par exemple, l'hypothèse d'une vente consentie sous une condition potestative de la part de l'acheteur, avec constitution d'hypothèque pour assurer le payement du prix, la condition sera par exemple celle-ci : si l'acheteur quitte l'Italie. N'y aurait-il pas une injustice flagrante à dénier au vendeur une sûreté en vue de laquelle il a contracté un engagement qu'il ne dépend pas de lui de rompre ?

Faudra-t-il au contraire admettre avec certains auteurs que ce n'est pas au point de vue du débiteur, mais du créancier qu'il faut se placer pour fixer la date de l'hypothèque. D'après une certaine doctrine qui se base surtout sur la loi 1, *princ.* XX, 4, il faudrait examiner si celui en faveur de qui est établie l'hypothèque peut oui ou non devenir créancier. S'il lui est loisible de ne pas le devenir, elle ne datera que du jour où il le sera réellement, si au contraire il ne peut pas se dégager de l'obligation qu'il a contractée, s'il peut-être forcé, à une époque quelconque de vendre par exemple ou de prêter des espèces, l'hypothèque datera du jour de sa constitution. En effet, dit-on, rien de plus juste que ce système, dans le cas où le créancier n'est pas forcé de le devenir à quoi bon lui donner une grantie spéciale, qui diminuera, à coup sûr, le crédit du débiteur ou qui tout au moins pourra lui servir à commettre des fraudes. Si au moment où le créancier devra prendre cette qualité, il trouve insuffisantes les hypothèques qu'on peut encore lui offrir alors il refusera. Au contraire, il serait difficile de ne pas donner au créancier une hypothèque qui daterait de la convention si elle intervenait pour garantir un lien de droit donc ce créancier ne peut se dégager.

Cette doctrine, avons nous dit, se base principalement sur une loi de Papinien que nous avons citée plus haut et dont voici l'espèce. Une personne a promis pour une femme une *dos receptitia*. Mais elle a stipulé la restitution de cette dot et pour garantir cette restitution elle s'est fait donner une hypothèque par le mari. Une partie de la dot seulement est comptée de suite au mari, le reste lui est versé plus tard. Entre les deux versements le mari a hypothéqué l'objet garantissant la restitution à un autre créancier. On se demande si le constituant sera préféré au créancier, même en ce qui concerne le second versement. Le jurisconsulte répond que oui, et il motive sa solution : « *Nec probe dici in potestate ejus esse ne pecuniam residuam redderet, ut minus dotata mulier esse videatur.* » Et on ne peut pas dire qu'il soit en son pouvoir de ne pas payer le reste de la dot, car alors la dot serait diminuée au préjudice de la femme. » Donc, ajoutent les partisans de la doctrine que j'expose, l'hypothèque prend rang au jour de la constitution, parce qu'il n'est pas loisible au créancier de ne pas acquérir cette qualité.

Malgré ce texte, il nous est impossible de nous rallier à cette opinion. Je demanderai d'abord ce qu'on y fait des autres textes qui parlent non du créancier mais du débiteur et qu'on explique pas? Ensuite je ferai remarquer que les interprètes ne sont pas d'accord sur le sens à donner à la dernière phrase du fragment de Papinien, que tous les anciens auteurs et encore aujourd'hui MM. Maynz (Elem. de dr. rom. t. II, p. 288) et Tigerstrœm (Dotalrecht, II, p. 423) font rapporter au mari la phrase que nous avons appliquée au constituant. Mais quel que soit le sens que l'on donne à cette phrase, il nous est impossible d'admettre une doctrine contraire à tous les textes que nous avons expliqués (L. 11, pr. XX, 4. L. 4, XX, 3).

Quelle était donc sur ce point de l'hypothèque constituée pour une créance conditionnelle la véritable doctrine romaine? Pour notre part nous croyons que les Romains s'en rapportaient sur ce point à l'intention des parties. Comme le fait fort bien remarquer Dernbourg (1) en matière hypothécaire « le droit romain a tenu le plus grand compte possible de la volonté des contractants. » Que si les parties n'avaient sur ce point aucune intention bien formelle et facile à apercevoir, alors le magistrait classait les hypothèques dans

1. Das Pfandrecht I, § 11, p. 535.

le rang qu'il croyait le plus juste. Il regardait s'il y avait eu oui ou non un réel lien de droit entre les parties. S'il pensait, qu'en équité, l'hypothèque consentie pour une dette conditionnelle devait remonter au jour de sa constitution, il lui donnait ce rang ; si au contraire il y voyait une injustice il ne lui attribuait qu'un rang inférieur. Cependant d'après les textes on peut formuler quelques règles générales. C'est ainsi qu'on peut dire :

« Au cas de créance future et incertaine quant à l'objet mais dès à présent certaine, quant au lien obligatoire l'hypothèque existe du jour de la convention. (Hypothèse de la loi 9, pr. **XX**, 4.)

« Lorsque l'hypothèque a été constituée pour une dette conditionnelle ou pour une dette future, à raison de laquelle le futur créancier peut-être contraint à former le contrat, l'hypothèque existe encore du jour de la convention (Hypothèses des lois 11, § 1, **XX**, 4, 9, § 1 et 2, **XX**, 4.)

« Quand l'accomplissement de la condition dépend de la volonté du débiteur, ou bien s'il s'agit d'une obligation future proprement dite, l'hypothèque ne date que du moment où la condition est accomplie, du moment où le lien obligatoire s'est réellement formé (Hypothèses des lois 11, pr. **XX**, 4, 9, § 1, **XX**, 4 et 4, **XX**, 3.)

Mais il ne faudrait pas s'enfermer dans ces formules, que M. Jourdan, auquel je les emprunte, déclare lui-même le produit d'une dialectique supérieure.

Je crois, comme je le disais tout à l'heure, qu'il faut avant tout tenir compte de la volonté des parties. Qu'il faut ensuite rechercher, pour trouver le rang de l'hypothèque conventionnelle, l'époque à laquelle s'est formé le lien de droit auquel au moins une des parties ne pouvait pas échapper.

Enfin, qu'il faut aussi tenir compte de l'équité. Il ne faut pas oublier que nous sommes ici dans une matière toute prétorienne, où il n'y avait pas de règles absolument fixes et immuables. Ce serait une erreur de chercher une théorie générale, là où les jurisconsultes n'ont fait que trancher des points de fait particuliers.

Avec cette manière de comprendre notre question, plus de difficultés sur les apparentes contradictions qui existent au titre IV, liv. XX, au Digeste entre les lois 1 et 9, etc... Plus de difficultés non plus sur les différents motifs donnés d'une même règle. Mais objectera-t-on, peut-être, comment comprendre dans un recueil quasi-législatif comme le Digeste des solutions se contrariant complètement? Je répondrai que même au temps de Justinien, les jurisconsultes chargés de la rédaction du Digeste n'ont voulu, dans cette matière, donner que des exemples. Grands casuites, ils ont cherché cinq ou six espèces types dont ils ont donné les motifs et qu'ils ont proposées comme exemples aux juges. Nous concluerons donc sur notre matière, que le rang de l'hypothèque conventionnelle était fixé d'abord d'après la volonté des parties, ensuite par le magistrat, en toute équité, d'après la date du lien de droit formé entre les parties.

Il peut y avoir conflit non seulement entre deux hypo-

thèques spéciales, mais aussi entre plusieurs hypothèques
générales. C'est même ce qui arrivait le plus souvent. Les
Romains se préoccupèrent, en effet, aussi peu du principe
de la spécialité que de celui de la spécialité en matière de
régime hypothécaire. L'hypothèque qui au début fut probablement spéciale devint bientôt générale, et du temps de
Gaïus la généralité du gage hypothécaire était devenu une
clause de style (Gaïus, Loi 15. D. § 1. XX. I). Justinien alla
plus loin et déclara qu'une formule d'hypothèque ambiguë
devait s'entendre dans le sens de la généralité : « Quæ
habeo, habiturusque sum. » (Code Loi 9. VIII. 17.) C'est
probablement encore ici l'influence des législations orientales qui se fait sentir dans le régime hypothécaire romain.
Dans ces législations, comme nous l'avons vu, et particulièrement en Egypte, l'hypothèque est à peu près toujours
générale, et ce n'est que dans quelques cas exceptionnels
que nous voyons cette garantie porter sur un objet particulier.

Dans ce cas de conflit entre deux ou plusieurs hypothèques
générales, la règle *prior tempore, potior jure* rencontre
encore son application. Ce sera donc le premier créancier
qui se sera assuré d'une telle hypothèque, qui aura le droit
de saisir et de faire vendre les biens des créanciers ou tout
au moins ceux de ces biens qui lui conviennent. Et il ne sera
pas forcé de faire porter son choix sur un bien plutôt que
sur un autre.

Ceci nous amène à parler d'un autre conflit : celui

qui peut s'élever entre deux créanciers dont l'un a une hypothèque générale et l'autre une hypothèque spéciale. Si c'est le créancier hypothécaire premier en date qui se trouve muni du gage spécial, aucune difficulté ne se présente et notre règle s'applique dans toute sa pureté. Mais si au contraire l'hypothèque générale appartient au premier créancier, que va-t-il se passer ? L'hypothèse est prévue par la loi 2. DXX. 4. Un créancier s'est assuré, comme garantie, d'une hypothèque générale, puis un créancier postérieur s'est fait donner un gage sur certains biens, les fonds Sempronien et Livien par exemple. Le premier créancier pourra-t-il vendre ces deux fonds quand bien même le reste du patrimoine de son débiteur serait suffisant pour le désintéresser ? Oui, répond le jurisconsulte Papinien, mais, ajoute-t-il, il en serait autrement si le débiteur n'avait hypothéqué au premier créancier la généralité de son patrimoine, que déduction faite de ces deux fonds, qui ne seraient alors affectés à la garantie de la dette que subsidiairement et seulement en cas d'insuffisance du reste du patrimoine. Le second créancier sera alors considéré comme étant seul muni de l'hypothèque sur ces deux biens : « Quod si ea conventio prioris fuit, ut ita demum *cætera bona pignori haberentur* si pecunia des his quæ generaliter accepit servari non potuisset : deficiente secunda conventione, secundus creditor in pignore postea dato non tam potior quam solus invenietur. » Mais l'explication que nous venons de donner de cette loi s'accorde peu avec le texte de la version florentine, que nous rapportons

ici. Aussi, pour arriver à cette interprétation, les anciens auteurs ont-ils voulu le modifier. Faber change les mots *cætera
bona* en *certa bona*. Cujas au contraire, renversant l'hypothèse, remplace le mot *generaliter* par celui de *specialiter*.
Quant à Dernburg, il explique notre fragment d'une manière
particulière. Après avoir rapporté les changements de Faber
et de Cujas : « Autre, dit-il, est la version florentine consa-
« crée par les Basiliques, elle s'explique en ce sens que
« l'expression *quæ generaliter accepit*, d'après le langage
« du temps de Papinien, pouvait désigner non pas néces-
« sairement une hypothèse générale, mais une autre con-
« vention qui s'en rapprochait. La formule du contrat pigno-
« ratif sur lequel Papinien raisonnait était celle-ci : Je te
« donne en gage les biens dont j'ai hérité de mon père et
« au cas où ils ne pourraient pas suffire, le restant de mes
« autres biens (1). »

Mais quelle que soit l'interprétation qu'on donne à notre
texte, il en résulte toujours que la règle *prior tempore, potior jure* s'applique en cas de conflit entre hypothèques générales, et aussi en cas de conflit entre une hypothèque
générale et une hypothèque spéciale.

Une des questions les plus délicates de notre matière est
celle du concours de plusieurs créanciers ayant reçu du même
débiteur à des dates différentes une hypothèque sur biens
présents et à venir. Titius hypothèque par exemple tous
ses biens présents et à venir à Primus, le 1ᵉʳ mai 1880,

---

1. Dernbourg. Das Pfandrescht, 2ᵉ volume, p. 371.

l'année suivante il donne la même hypothèque générale à Secundus ; on se demande quel sera le rang de chaque hypothèque ? Pas de doute que Primus primera Secundus pour tous les biens acquis avant la constitution de la seconde hypothèque, mais pour ceux acquis postérieurement qu'en sera-t-il ? Peu de questions ont autant embarrassé les commentateurs tant anciens que modernes, et les esprits les meilleurs sont encore aujourd'hui divisés sur la matière. Les uns tiennent que le créancier hypothécaire premier en date primera le second sur les biens à venir, les autres prétendent au contraire que les deux créanciers viendront en concours et au même rang. Nous nous rangeons à ce dernier avis, bien, comme on va le voir, qu'il ait contre lui un texte qui semble formel et qu'il paraisse peu en harmonie avec la doctrine que nous avons admise nous-même sur le rang de l'hypothèque conventionnelle. Ecartons en effet de suite ce point du débat ; nous ne pouvons regarder l'hypothèque sur biens à venir, comme une hypothèque conventionnelle ayant par suite un effet rétroactif qui en place le rang au jour de la constitution. L'hypothèque sur biens à venir est une chose à part, une *conditio juris* comme disaient les Romains à laquelle on ne peut appliquer les principes de la rétroactivité.

Le premier texte que nous trouvions sur notre matière est la loi 7, § 1. XX. 4. « *Si tibi quæ habiturus sum obligaverim et Titio specialiter fundum, si in dominium meum pervenerit, mox dominium ejus acquisiero, putat Marcellus concurrere utrumque creditorem et in pignore. Non enim multum facit, quod de suo nummos debitor dederit quippe quum res ex nummis pigonratis empta non sit pignorata ob hoc solum quod pecunia pignorata erat. »* Ce passage d'Ulpien confirme absolument la doctrine que nous admettons. On a cependant essayé de le réfuter et même de l'expliquer. On a d'abord prétendu qu'il n'était pas conforme aux principes, qu'il contrevenait à la règle de la rétroactivité de la condition admise par les Romains en matière d'hypothèque. J'ai déjà répondu à cette objection en montrant que l'hypothèque des biens à venir n'était pas une hypothèque conventionnelle. Puis, ajoute-t-on, comment comprendre que les jurisconsultes romains aient admis une opinion qui laisserait une porte si large ouverte à la fraude? Ne serait-il pas trop facile, en effet, au débiteur en donnant de nouvelles hypothèques sur les biens à venir, de réduire à presque rien la première garantie ? Mais cette argumentation ne porte pas. Il faudrait, en effet, faire le même reproche au législateur chaque fois qu'il s'agit de créances chirographaires. Le débiteur pourra toujours au moyen de fraudes bien conçues et bien exécutées, priver ses créanciers de la plus grande partie de son patrimoine. Il ne faut pas aller trop loin, ni voir partout la fraude.

Enfin les adversaires de la doctrine que j'expose ont expliqué notre loi par ce fait, que Primus et Titius avaient reçu hypothèque en même temps et pour une même créance. La seule question que se serait posée Ulpien, aurait été celle de savoir si le fonds de terre ayant été acheté avec de l'argent hypothéqué, le créancier à hypothèque générale ne devait pas avoir la préférence, parce que le bien aurait été subrogé à l'argent hypothéqué. Nous avons dit qu'alors l'hypothèque est bizarre et que nous ne comprenons pas bien pourquoi Titius se contente d'un bien éventuel, tandis que pour la même créance on donne à Primus une hypothèque sur tous les biens présents et à venir. Et peu importe de savoir, quoiqu'en dise M. Dernburg, que les mots *conventione* et *pignore* soient reliés par la particule *et* (*ut in conventione et in pignore concurrunt*). D'abord cette particule n'est pas admise dans toutes les versions du *corpus juris*, puis il nous semble qu'Ulpien eût exprimé la simultanéité des constitutions d'hypothèques par les mots *concurrere in conventione*.

Les principes ne pourraient donc rien contre notre théorie, et ce n'est du reste pas là, que nos adversaires cherchent leur véritable point d'appui. Le grand argument invoqué contre nous est la loi 21, pr. XX, 4, dont voici l'hypothèse. Titius a été condamné vis-à-vis de Seia son ex pupille par l'action *tutelæ directa*; pour garantir cette condamnation, il lui donne hypothèque sur tous ses biens présents et à venir, « omnia bona quæ habebat, quæque habiturus esset ». Ensuite Titius emprunte du fisc et lui donne en gage « omnes res suas », puis il paye Seia pour partie et lui fait novation pour le reste en lui donnant une nouvelle hypothèque qui conserve le rang de l'ancienne, ce qui était parfaitement régulier (loi 3, p. XX, 4 et loi 11, § 1, XIII, 7).

Quel sera le rang de chacune de ces hypothèques? Que Seia soit préférée au Fisc, sur les biens que le créancier possédait avant la seconde constitution d'hypothèque, cela n'est pas douteux, mais le sera-t-elle aussi sur les biens acquis depuis? *Nihil proponi aut non sit præferenda*, répond le jurisconsulte. Ce sera donc l'hypothèque qui aura été constituée la première, qui sera aussi la première comme rang. Devant ce texte comment soutenir encore qu'il y aura concours entre les différents créanciers sur les biens à venir? N'y a-t-il pas là une contradiction apparente entre la loi 21 et la loi 7? Non assurément, le texte est facile à comprendre, quand on veut y regarder de près. En effet qu'est-ce que Titius a hypothéqué au fisc? Tous ses biens, assurément, mais tous ses biens présents seulement. En effet Scævola, dont le langage est toujours si précis, ne nous dit pas ici, comme il le disait pour Seia *omnia bona quæ habebat quæquæ habiturus esset*, mais seulement *omnes res suas*. On objectera, peut-être, que ces mots signifiaient l'hypothèque générale sur tous les biens présents et à venir. Oui, sous Justinien, qui en avait ainsi formellement décidé dans une constitution de l'an 628 (Loi 9, Code VIII, 17), mais non du temps du jurisconsulte Scævola. Ne semble-t-il pas, au contraire, que les deux expressions dont nous parlons, ont été rapprochées l'une de l'autre dans la même phrase pour en faire ressortir la portée et pour ainsi dire la différence?

Qu'on ne nous objecte pas non plus le privilège du fisc

sur les biens à venir, car alors le fisc ne viendrait pas en concours avec les autres créanciers, ils les primeraient, et la loi de Scævola renverserait complètement le rang assigné par la loi aux hypothèques privilégiées, ce qui n'est pas possible. C'est donc toujours au principe posé dans la loi 7, § 1, qu'il faut revenir ; il faut dire avec ce texte *concurrere utrumque creditorem et in pignore.* Du reste rien n'est plus certain quand on lit ce texte non pas isolement, mais groupé avec ceux qui le précèdent au même titre du Digeste. Rien n'est plus visible que le sens que nous en avons donné, lorsqu'on en recherche, si je puis ainsi m'exprimer, la filiation. Après avoir posé le fameux principe : *Prior tempore ; potior jure* les compilateurs de Justinien examinent les exceptions à ce principe. C'est l'objet des lois 5, 6 et 7. Dans les deux premières, Ulpien nous montre qu'on déroge à la règle de la priorité, et que le dernier en date passe le premier, parce qu'il a contribué à la conservation du gage : *quia solvam fecit causam pignoris.* Dans le *Principium* de la loi 7 le même jurisconsulte nous montre que le dernier créancier passe avant le premier parce qu'il a fourni les derniers *ad rem comparandam* ; enfin dans le § 1 il nous cite le cas particulier dans lequel les hypothèques ont le même rang bien qu'elles n'aient pas la même date, et ce cas est celui dans lequel les conventions sont antérieures à l'acquisition des objets, sur lesquels les hypothèques doivent porter. Elles prennent alors rang toutes ensemble du jour de l'acquisition, sans tenir compte de la date des conventions.

Nous avons dit que cette question est une de celles qui ont le plus passionné les jurisconsultes, qui les ont surtout le plus divisés. Avant d'en finir avec elle nous devons signaler une opinion qu'on pourrait appeler mixte et qui s'est produite dans ces dernières années. C'est le système présenté par Dernburg. Tout d'abord, le savant jurisconsulte (1) se range parmi nos adversaires et veut voir dans Primus et Titius, deux créanciers ayant traité en même temps et ayant par conséquent une hypothèque d'égale valeur, mais peu à peu dans l'examen de la question il abandonne le terrain sur lequel il s'était placé, et quand il aborde la question de principe, il hésite à trancher la difficulté. D'accord en cela avec ses principes, tels que nous les avons exposés plus haut, il finit par admettre que les jurisconsultes romains jugeaient souvent la question en équité d'après l'intention des parties et en fin de compte il voudrait au moins qu'on donnât la préférence au créancier qui se trouverait en possession par application de la loi 16, § 8, XX, I. Notons pour être complet que la jurisprudence actuelle a repoussé le système que nous soutenons et qu'elle admet que l'hypothèque en biens à venir a comme rang celui de sa constitution (2).

---

1. Dernburg. Das Pfandrech, I, § 29.
2. Sur cette importante question du rang des hypothèques sur biens à venir, voir dans notre sens. Cujas-Faber (Conjectures, II, 10) et parmi les auteurs modernes Gluk (Comm. XIX, 233) Puchta, Bachofen, Vangerow et surtout Jourdan (L'hypothèque, Chap. XXXII). Contra : Azan Bartole, Doveau, Machlard, Windscheid et Dernburg (I, § 29, in fine).

A côté des hypothèques conventionnelles et avant les hypothèques légales, il nous faut traiter de certains actes juridiques se rapprochant de l'hypothèque par certains côtés et surtout par le rang. Je veux parler de certaines *missiones* pretorionnes et de l'hypothèque judiciaire.

Dans certains cas, le préteur envoie en possession des biens d'un individu, une autre personne qui se trouve être sa créancière. C'est ce qu'on a appelé le *Pignus prœtorium.* Il ne faudrait pas croire que toutes ces *missiones* avaient les mêmes effets que l'hypothèque, et qu'il fallait leur appliquer la théorie de cette sorte de garantie. M. Jourdan les a fort bien distinguées en 3 catégories. Les unes emportant avec elles un droit réel et se trouvant ainsi suffisamment garanties. Les autres n'ayant qu'un caractère conservatoire, comme la *missio* de certains légataires. Enfin, les dernières, comme la *missio Antonina*, celle de la femme enceinte, et la *missio rei servandæ causa* pouvant aboutir à la vente des biens et ayant les mêmes caractères que l'hypothèque. Dans celles-ci, il faut appliquer les règles de l'hypothèque, dès que le gage est constitué, ou plutôt dès que celui qui a obtenu la *missio* s'est mis en possession. Mais quel sera le rang de ces hypothèques ou pour mieux dire de ces *missiones* hypothécaires ? Le rang sera encore ici réglé par la règle générale *prior tempore, potior jure.* C'est ainsi que dans les *missiones* que nous avons nommées et dans celles des légataires, on pourra invoquer cette règle à l'encontre des tiers, auxquels le débiteur ou l'héritier aurait consenti des droits réels. La même règle s'appliquerait dans le cas où l'envoi en possession aurait été accordé successivement à plusieurs à des titres différents. (Loi 5, § 21-XXXVI-4. Loi 2. Code VIII-16).

Mais là cesse l'application de la règle ; car si la *missio in possessionem* a été accordée à plusieurs à des époques différentes, mais au même titre, ce sera alors la règle du concours qu'on appliquera. C'est ce que nous dit formellement la loi 5, § 3-XXXVI-4, qui pose le principe et nous en donne aussi la raison : « Qui prior missus est legatarius in posses-
« sionem non præfertur ei, qui postea mittitur, inter lega-
« tarios enim nullam ordinem observamus sed simul omnes
« æqualiter tuemur. »

Les Romains connaissaient aussi l'hypothèque judiciaire. On peut même dire que mieux que nous ils ont connu une véritable hypothèque conférée par le juge. Notre hypothèque judiciaire, en effet, n'est autre chose qu'une véritable hypothèque légale attachée directement *par la loi* à tout jugement portant condamnation. L'hypothèque judiciaire des Romains est au contraire fort bien nommée. Elle dérive de la volonté du juge, exprimée par l'ordre de saisir une chose en vertu d'une condamnation. Ce n'est, en effet, que du jour où la saisie est réellement opérée que naît cette hypothèque. Mais dès lors, pour le rang du moins, elle suit les règles de l'hypothèque ordinaire et obéit à notre principe général. « *Si et jure judicatum et pignus in causa judicati ex auctoritate ejus qui jubere potuit*, CAPTUM EST, PRIVI-

6

LEGIIS TEMPORIS *fore potiorem heredem ejus in cujus persona pignu constitutum est.* »

III

Nous venons d'examiner la règle *prior tempore, potior jure* et les quelques exceptions qui peuvent y être apportées. Nous arrivons maintenant aux hypothèques privilégiées. Certaines créances à raison de leur cause ou de leur nature sont plus fortement protégées par le législateur. Il les munit d'une garantie, qu'il rend efficace, en leur donnant un rang de préférence, en leur assurant qu'elles ne seront pas primées par d'autres. Ce n'est pas ici le lieu de justifier l'existence du privilège ni de revenir sur cette question tant de fois débattue de la légitimité du privilège. Constatons seulement qu'il a existé à Rome et sous une autre forme que chez nous. Dans notre législation moderne, le privilège accordé à un créancier est toujours une création de la loi. c'est un titre accordé à une créance, qui l'a fait passer avant toute autre ou du moins avant certaines autres, et qui existe indépendamment de toute prise de gage ou d'hypothèque, Si on exige la formalité de l'inscription, c'est une simple mesure de publicité, qui n'influe en rien sur le caractère intrinsèque du privilège. A Rome il n'en était pas toujours de même, le privilège est le plus souvent une hypothèque privilégiée, qui doit d'abord exister comme hypothèque, que le créancier doit stipuler, et qui recevra un rang préférable par la volonté du législateur. Nous disons du législateur, ce n'est pas encore absolument exact, en droit romain ; car nous allons le voir, la première hypothèque privilégiée que nous ayons à examiner a été créée par la jurisprudence et par les jurisconsultes, et non par une loi, ou par une constitution impériale.

La première hypothèque privilégiée que nous rencontrons dans la législation romaine est celle qui résulte de ce que les commentateurs ont appelé la *Versio in rem*. Lorsqu'une créance a pour cause l'acquisition, la conservation ou la réparation d'une chose qui sert de gage commun à tous les créanciers, elle obtient un rang, qui est fixé avant celui des autres créanciers hypothécaires. C'est ce que nous disent deux lois, l'une au Digeste, l'autre au Code.

« Interdum posterior potior et priori, ut puta si in rem istam conservandam impensum est. (5, XX, 4, Dig.) » Licet iisdem pignoribus multis creditoribus diversis temporibus datis priores habeantur potiores, tamen eum, cujus pæcunia prædium comparatum probatur, quod si pignori esse specialiter statim convenit, omnibus anteferri juris auctoritate declaratur » (7, VIII, 18, Code de Justinien).

Comme on peut'le remarquer, ce privilège était déjà admis à l'époque d'Ulpien et cependant aucun acte législatif n'était venu le créer ou le confirmer. C'était la jurisprudence des auteurs classiques qui l'avait formé de toutes pièces. Ici nous allons facilement reconnaître l'influence des législations orientales connues de ces jurisconsultes. Plusieurs

siècles avant notre ère il était, comme nous l'avons fait remarquer, dans la première partie de notre étude, d'une jurisprudence constante dans les droits Assyriens et Babylon-
niens que celui qui avait prêté de l'argent pour l'acquisition
ou la conservation d'une chose eût une hypothèque, primant
toutes les autres qui auraient pu être constituées du chef
de son débiteur. Cette jurisprudence était passée dans la législation grecque surtout en ce qui concerne le prêt maritime. Nous savons que celui qui prêtait de l'argent pour ré-
parer, par exemple, un navire avarié avait une hypothèque
privilégiée sur ce navire et sur ce qu'il contenait, primant
même celle du créancier ayant fourni les deniers pour le
voyage, bien que celui-ci fut antérieur en date et eût lui-
même un privilège. Cette hypothèque privilégiée est apportée dans la législation romaine par les jurisconsultes de l'é-
cole orientale, par Ulpien qui nous donne justement, au Digeste, des exemples absolument semblables à celui que nous
venons de citer pour Athènes.

Pour qu'il y ait à Rome hypothèque privilégiée *propter
versionem in rem* il faut deux conditions :

1º Que le créancier ait fait une dépense ayant accru ou
conservé le patrimoine du débiteur commun ;

2º Qu'il ait à raison de sa créance obtenu une hypothèque.
Cette hypothèque une fois obtenue échappe à la règle *prior
tempore, potior jure.*

Nous trouvons dans les textes plusieurs hypothèses sur
ce sujet. C'est d'abord le cas où celui qui réclame le privi-

lège, a fourni les deniers pour l'acquisition de la chose sur laquelle les hypothèques antérieurement constituées sur bien à venir vont porter. (Loi 21, § 1, XX, 4.) Dans ce texte il est parlé d'un *Procurator Cæsaris*, qui ayant stipulé une hypothèque conventionnelle, sur biens à venir d'un débiteur du fisc, veut mettre la main sur des blocs de marbre que ce débiteur a acheté pour les sculpter. Le jurisconsulte donne la préférence à celui qui a fourni les deniers pour l'acquisition de ces blocs et qui a obtenu une hypothèque [qui est privilégiée (1).

Le pupille et le fisc ont aussi une hypothèque légale sur les biens qui ont été achetés de leurs deniers ou pour la conservation desquels on a employé une partie de leur avoir. Cette hypothèque légale sera privilégiée en vertu des principes que nous énoncions tout à l'heure. (Loi 7, XX, 4). La loi 6, au Code, VII, 8, va même jusqu'à nous dire que l'affranchissement d'esclaves, qui auraient été achetés des deniers du pupille, doit être regardée comme non avenu à l'égard de ce pupille. Voir sur l'hypothèque légale du fisc, la loi 2 au Code, VIII, 15.

Ce sont non-seulement ceux qui ont fourni de l'argent pour l'acquisition du gage commun qui se trouvent protégés par une hypothèque privilégiée, mais ce sont aussi ceux qui ont contribué de leurs deniers à la conservation de ce gage.

1. Il ne faudrait pas ici alléguer l'hypothèque privilégiée du fisc, qui, au moment où la loi 21 a été écrite, c'est-à-dire à l'époque de Sævola n'existait pas encore; elle ne date probablement que du règne de Caracalla, dont les préoccupations fiscales sont bien connues.

Ulpien, au Digeste, loi 5 et 6, XX, 4, nous donne des exemples faciles à comprendre et qui n'ont besoin d'aucune explication. — Le privilège doit aussi être accordé pour de simples améliorations quand celles-ci ont donné une plus-value à l'objet hypothéqué. Mais dans ce cas, bien entendu, le privilège ne portera que sur ﬔla plus-value, résultant des travaux et existant encore au moment où il est exercé.

Arrivons maintenant à une autre hypothèque privilégiée ; celle du fisc. Ce privilège, disons-le de suite, est triple. Il porte à la fois sur les biens des agents comptables du fisc ; sur les biens des contribuables pour le recouvrement des impôts ; sur les biens des particuliers, en vertu des avances que le fisc a pu leur faire. Certains auteurs ont voulu expliquer le privilège du fisc par celui que nous venons d'exposer, par le privilège dérivant de la *versio in rem*. Ils ont prétendu que l'Etat étant le gardien naturel de la propriété privée, il était obligé de ce chef de faire des dépenses, et qu'il était juste que le payement des impôts soit garanti de la façon la plus énergique, au moyen de sanctions graves et de privilèges puissants. Sans vouloir nier la conclusion à laquelle arrivent ces auteurs, ils me permettront d'en contester le point de départ. Il n'y a certainement pas une *versio in rem* dans le rôle de l'Etat. Les ressources de l'Etat assurées par le recouvrement de l'impôt, servent à bien d'autres choses qu'à la garantie de la propriété. Du reste, le privilège du fisc n'a pas existé de tout temps à Rome, et de tout temps cependant, l'Etat a dû garantir la propriété des

citoyens. Il veut mieux dire, je crois, que le privilège du fisc
est basé sur l'intérêt général, qui veut que l'Etat, qui a nécessairement besoin de ressources et qui n'a d'autre moyen de
se les procurer que par l'impôt, soit assuré du recouvrement
de cet impôt. C'est encore un sacrifice qui est demandé par
l'intérêt général à l'intérêt particulier.

La première hypothèque privilégiée du fisc est celle qui
porte sur les biens de ses agents comptables.

La loi 4 au Code VIII, 15 fait l'application de cette hypothèque au cas d'un *Primipile*, c'est-à-dire d'un fonctionnaire chargé de faire rentrer les prestations nécessaires à
la subsistance de l'armée, et de les faire déposer dans des
magasins à ce destinés. On s'est demandé si cette hypothèque dont on ne peut nier l'existence était privilégiée ? La
loi qui nous semble devoir trancher la question est la loi 3
au Code *De primipilo*, XII, 63. « *Utilitas publica præferenda
est privatorum contractibus; et ideo si constiterit fisco
satisfactum esse ob causam primipili, poteris obligatam
tibi possessionem dotis titulo petere, ut satisdoti fieri possit.* » Comme on le voit aux termes de cette loi, le fisc l'emporte sur la femme et les empereurs Dioclétien et Maximien
de qui elle émane ne motivent pas cette préférence sur l'antériorité de l'hypothèque du fisc, mais simplement sur la
raison d'utilité publique.

Le fisc a une seconde hypothèque privilégiée. C'est celle
qui frappe les biens des contribuables pour la rentrée des
impôts. Cette hypothèque est établie par un rescrit de l'empereur Antonin Caracalla.

« Venditionem ob tributorum cessationem factam revocari
« non oportet, neque priore domino pretium offerente,
« neque creditore ejus jura hypothecæ sive pignoris præ-
« tendente ; potior est enim causa tributorum quibus priore
« loco omnia bona cessantis obligata sunt » (Code, 1,
IV, 16).

Le fisc a vendu les biens d'un contribuable qui n'a pu
payer ce qu'il lui devait. La vente est déclarée inattaquable
parce que le fisc a un droit supérieur à celui de tous les
créanciers hypothécaires quels qu'ils soient. Il y a donc là
un véritable privilège. En vain on oppose une autre constitution du même empereur, dans laquelle il est parlé de l'hypothèque du fisc sans mention du prililège (1). On ne saurait désigner plus clairement un privilège que ne le fait la
loi que nous venons de citer et il faut vouloir absolument
dénaturer le sens de la loi pour faire comme Wächter et
et sous-entendre que le fisc a pris une hypothèque conditionnelle préférable dans l'espèce aux autres à raison de sa
date. Il n'y aurait pas eu alors besoin d'un rescrit, on aurait
eu qu'à appliquer la loi commune *prior tempore, potior
jure*.

La troisième hypothèque du fisc a soulevé une grave
controverse. Cette hypothèque est celle accordée au fisc,
pour le recouvrement de ses créances particulières. Trois

---

1. Loi 1, VIII, 1, au Code *In quibus causis*, Tit. 14 dans les éditions
allemandes du *Corpus*.

opinions se sont produites sur cette question, nous allons les examiner brièvement,

La première déclare que le fisc a une hypothèque privilégiée sur les biens à venir de celui, à qui il a prêté de l'argent. Cette opinion se fonde sur la loi 28, XLIX, 14. « Si « qui mihi obligaverat quæ habet habiturusque esset ; cum « fisco contraxerit : sciendum est in re postea acquisita « fiscum potiorem esse debere Papinianum respondisse quod « et constitutum est, prævenit enim causam pignoris « fiscus. »

Dans ce texte, Ulpien déclare, d'après Papinien, que le fisc sera préféré sur les biens à venir de son débiteur, à un autre créancier hypothécaire antérieur à lui en date. On n'appliquera la règle *prior tempore* que pour les biens frappés par l'hypothèque avant le *mutuum* contracté par le fisc. Rien ne paraît pouvoir venir à l'encontre de ce texte si formel. En effet, rien n'est plus juste que la décision de Papinien. C'est la loi qui créé les privilèges, c'est elle aussi qui a le droit de les étendre, comme elle le veut. Or, nous connaissons assez les préoccupations financières des empereurs romains pour être étonnés de les voir prendres des précautions, afin d'être certains du remboursement de leurs créances. Puis quoi de plus juste que ce privilège sur biens à venir seulement. Les créanciers hypothécaires avaient un droit acquis sur les biens qui étaient dans le patrimoine de leur débiteur au moment où ils ont contracté, mais sur les biens qui y entrent postérieurement, il n'en saurait être de même. Ils n'entrent dans ce patrimoine que grevé du privilège et c'est probablement ce que veut exprimer Ulpien quand il dit : *prævenit enim causam pignoris fiscus*.

On a cependant fait difficulté d'admettre cette opinion : on a prétendu que jamais le fisc n'avait eu d'hypothèque privilégiée. On veut expliquer notre texte en supposant qu'ici l'hypothèque du fisc est antérieure à celle du simple particulier ; mais alors à quoi bon la question que se pose Ulpien? à quoi bon faire intervenir un texte législatif *quod et constitutum est*, quand il suffit de faire une simple application du droit commun. On a aussi fait intervenir la loi 2 Code VII. 73 qui, dit-on, en termes qui se rapprochent singulièrement de ceux employés par Ulpien, fait à l'hypothèque légale du fisc l'application de la règle *prior tempore, potior jure*. Nous répondrons que dans cette loi, il ne s'agit pas d'une hypothèque sur biens à venir, mais sur biens présents et qu'en conséquence, il n'y a pas lieu d'appliquer le privilège. Enfin qu'on ne cherche pas à nous objecter la loi 21. princ. XX. 4 expliquée par nous plus haut ; car nous l'avons déjà fait remarquer, cette loi est de Scævola, c'est-à-dire d'un jurisconsulte antérieur au règne de Caracalla, et par conséquent antérieur à l'époque de l'hypothèque légale et à plus forte raison de l'hypothèque privilégiée du fisc.

Une troisième opinion s'est formée sur notre loi 28. Comme la seconde, elle repousse le privilège du fisc, mais par une toute autre interprétation. Les mots *cum fisco contraxerit* se rapporteraient non pas à un *mutuum* fait avec le fisc, mais à une location. Le débiteur aurait pris à bail une chose du fisc, puis il l'aurait acheté ensuite, alors le fisc aurait un privilège, pour les loyers et les fermages encore dus. L'objet vendu serait grevé des hypothèques au moment de son entrée dans le patrimoine des débiteurs, tandis que le fisc aurait hypothèque un instant de raison auparavant. C'est ce qui serait exprimé par les mots *fiscus prævenit causam pignoris*. Ce système est assurément ingénieux, mais on nous permettra de le trouver bizarre et par trop alambiqué. Une partie de l'école allemande a eu beau s'y rallier, nous ne pouvons l'admettre, car il est complètement dénué de preuves.

Nous concluerons donc en disant que le fisc suit la règle *prior tempore, potior jure* en ce qui concerne les biens présents, mais qu'en ce qui touche aux biens à venir, il a un privilège lui permettant de primer tous les autres créanciers (1).

Primitivement à Rome, la dot était la propriété du mari ; il avait le droit d'en faire ce que bon lui semblait, et nul ne pouvait lui en demander compte. Après la dissolution du mariage, il gardait cette dot devenue sa propriété. Il en fut ainsi tant que la famille romaine exista dans sa forme antique et conserva ses mœurs primitives. Mais avec la civilisation orientale, avec la dissolution des mœurs, un autre état de choses s'établit. Les divorces étant devenus de plus en plus nombreux, on admit que le mari devait rendre la dot à sa femme, et on créa pour cela l'action *uxoriæ*. Mais à

1. Glück. Thibaut. Spangemberg.

quoi pouvait servir cette action purement personnelle en cas d'insolvabilité du mari? Aussi organisa-t-on bientôt des garanties et des sûretés qui devaient répondre de la restitution du bien dotal. Nous n'avons pas à faire ici l'historique de ces sûretés, nous n'avons qu'à parler de l'hypothèque de la femme mariée et du rang privilégié qui y fut attaché par Justinien ; contentons-nous donc maintenant de résumer brièvement quelle était pour sa dot la situation de la femme lors de l'avènement de ce prince.

Si la dot de la femme consistait en immeubles, la créance dotale est fort bien protégée, car le mari n'ayant pu ni aliéner ni hypothéquer le fonds dotal, la femme usant du privilège que lui donne la loi fera valoir contre tous son droit sur les immeubles. Si au contraire l'apport de la femme consistait en meubles, le mari pouvait l'aliéner, l'hypothéquer à son gré et la femme n'avait comme garantie qu'un *privilegium exigendi* (Loi 10. D. XLII. 5). Ce privilège lui assurait bien le droit de primer le créancier chirographaire, mais elle était désarmée contre les créanciers hypothécaires ou les tiers acquéreurs.

Justinien, qu'on a surnommé *Uxorius* à cause des nombreuses réformes qu'il a introduites dans la matière que nous traitons, et surtout à cause du privilège immense, qu'il a accordé aux femmes, pour le recouvrement de leur apport dotal, vint bouleverser de fond en comble la législation existant avant lui. Dans trois constitutions successives, il donna les plus grandes garanties aux femmes mariées, et leur assura, que désormais, elles seraient certaines de la restitution de leur dot.

Dans une première constitution qui est de l'an 529 il étendit le privilège de la femme, ou plutôt il en fit une action réelle, au moyen de laquelle celle-ci put réclamer ses objets dotaux à l'encontre des créanciers soit hypothécaires, soit chirographaires de son mari. Je n'entre pas ici dans les controverses auxquelles ont donné lieu l'explication de cette loi, (30 Code, *De jur. dot.* V. 12) puisqu'elle devait être modifiée l'année suivante, et complètement remaniée deux ans après par la fameuse constitution *Assiduis* qui est le texte capital en notre matière.

En 530, par la loi uique § 1, au Code *De rei ux. act.* V, 13, l'empereur modifia sa constitution de l'année précédente. Nous ne pouvons reproduire cette loi, beaucoup trop longue pour trouver ici sa place. Elle faisait cesser une bizarrerie juridique, que nous venons de constater. La constitution de 529 accordait à la femme un droit de préférence sur des hypothèques, sans lui accorder une véritable hypothèque. La loi unique V, 13 lui donne une hypothèque légale portant sur les meubles dotaux comme sur les immeubles. La femme pourra donc suivre, dans toutes les mains, ses meubles indûment aliénés, aussi bien que ses immeubles. Mais ce qu'accorde Justinien à la femme est bien un droit d'hypothèque. Le tiers acquéreur pourra donc garder l'objet qui lui a été aliéné par le mari, si c'est un meuble en payant à la femme la valeur de ce meuble, ou en lui opposant par exemple le bénéfice de discussion. Justinien, en effet, confirme, dans sa constitution, l'ancienne loi Julia, qui permettait l'a-liénation des meubles dotaux.

Ces sûretés accordées à la femme lui permettait de pas-ser, pour le recouvrement de sa dot, avant tous les créanciers chirographaires du mari antérieurs au mariage. Il y avait là une garantie qui semblait suffisante et qui ne blessait en rien les droits acquis par des tiers. En effet, les créanciers du mari qui avaient une hypothèque antérieure au mariage, n'avaient rien à craindre de l'hypothèque de la femme. Quant aux créanciers chirographaires ils pouvaient très-bien être lésés, mais ils n'avaient nullement à se plaindre, sachant d'avance par la manière dont ils contractent qu'ils ne sont pas à l'abri des modifications qui peuvent être apportées au pa-trimoine de leur débiteur. On aurait pu croire que les femmes allaient être satisfaites, et qu'elles se contente-raient d'un privilège déjà bien fort, mais cependant juste. Il n'en fut rien et Justinien nous raconte, sur un ton dolent, au début de la constitution *Assiduis*, qui n'est postérieure que d'un an à la précédente (531) les plaintes qu'elles for-mulaient. Il paraît que la protection que venait de leur ac-corder l'empereur était insuffisante à cause de la défectuosité du régime hypothécaire romain. La publicité étant même à cette dernière époque complètement inconnue, au moyen de fraudes, de suppositions de témoins, etc... on pouvait ruiner complètement la femme. De plus celle-ci au moment de son mariage n'avait aucun moyen de connaître la consistance de la fortune de son mari. Elle ne pouvait que s'en rapporter à sa bonne foi et épouser un homme pauvre alors qu'elle avait cru prendre comme conjoint le citoyen le plus riche de Constantinople. C'est à ces inconvénients que Justinien se proposa de porter remède. Mais il le fit d'une telle manière que le remède fut, pour ainsi dire, pire que le mal. Ayant observé que dans l'ancien droit le privilège permettait à la femme de passer avant les créanciers chirographaires du mari, même antérieurs au mariage, il voulut que l'hypothèque légale qu'il avait créée, jouit de la même prérogative. C'est pour cela qu'il écrivit la loi 12, Code, VIII, 18.

« Assiduis aditionibus mulierum inquietati sumus... San-
« cimus ex stipulatu actionem, quam mulieribus pro dote
« instituenda dedimus, cuisque etiam tacitam donavimus
« inesse hypothecam, potiora jura contra omnes habere
« mariti creditores, licet anteriores sint temporis privile-
« gio vellat... Indulgemus beneficiium, licet res dotales,
« vel ex his comparatæ, non extent, sed quocumque modo
« vel dissipatæ vel consumptæ sint, si tamen reipsa parti
« marcti datæ ».

Justinien accorde ainsi à la femme un privilège qui lui permet de primer tous les créanciers hypothécaires du mari, Accurse et Bartole devant un privilège si immense, avaient un peu reculé et ils admettaient que la constitution ne donnait la préférence à la femme que sur les hypothèques légales et non sur les hypothèques conventionnelles. Cette doctrine n'est même pas discutée aujourd'hui, et on admet le privilège dans toute son étendue. Du moment où la femme a eu une dot, que cette dot a été régulièrement versée au mari (car l'apport réel de la dot est nécessaire), les créanciers se trouvent tous primés par le fait même.

Mais de quelle dot s'agit-il ici; car en droit romain, à l'encontre de ce qui a lieu en droit français, la dot peut être constituée après le mariage? Doit-on admettre l'extention de notre constitution à une dot constituée post matrimonum? Assurément le texte ne distingue pas, et si cette décision laisse une porte largement ouverte à la fraude, il faut rejeter la faute sur Justinien, qui a trop exagéré la garantie. Cependant il ne faudrait pas aller trop loin. Si notre constitution s'applique à la dot constituée après le mariage, elle ne doit pas être étendue à l'*augmentum dotis*. C'est ce que nous dit Justinien dans la novelle 97, chap. II. L'augment de dot ne sera privilégié que quand in consistera en immeubles.

On a souvent considéré comme une hypothèque privilégiée, celle qui était constituée par un *pignus publicum*, c'est-à-dire par un acte public, par un fonctionnaire, ou entouré de certaines formalités en rendant la dote certaine. Ce privilège, disait-on, a été crée par une constitution de l'empereur Léon de 469, qui forme au Code la loi 11. VIII 18. Mais ce texte a donné lieu à bien des interprétations diverses. D'après une première opinion, il faudrait y voir la création d'un privilège absolu, donnant au créancier possesseur du *titre public* un droit de préférence, à l'encontre de tous les autres créanciers hypothécaires.

Dans un autre système, la constitution de Léon n'aurait pour but que de régler les rapports existant entre deux créanciers, dont l'un s'appuyerait sur un acte public, l'autre sur un acte privé. La situation d'un créancier qui à l'encontre des deux autres n'invoquerait aucun de ses titres, serait restée en dehors de la prévision de l'empereur, et devrait être réglée comme si l'acte législatif de ce prince n'existait pas. Enfin, dans une troisième opinion, de beaucoup préférable aux deux autres, on admet que la constitution de 469 a eu pour but principal d'empêcher les fraudes qui se produisaient au moyen des antidates. Les Romains ont toujours eu une grande défiance à l'encontre de la preuve écrite. A aucun moment de leur histoire juridique, on ne rencontre la nécessité d'un *instrumentum*, pour prouver l'existence d'un acte juridique. L'empereur Léon n'aurait en rien dérogé aux anciennes traditions du peuple romain. Il aurait montré comme les législateurs ses prédécesseurs, une grande défiance contre la preuve écrite. Mais si cette preuve est entourée de certaines garanties, il l'admet. La loi 11 au Code *qui potiores...* a pour but simplement d'enlever toute force probante en tant qu'il s'agit de la date, à un acte sous-seing privé contenant une constitution d'hypothèque. Si donc on se trouve en face de deux hypothèques, l'une prouvée par témoins, l'autre par un acte public, le rang sera réglé conformément aux principes par la règle *prior tempore, potior jure*.

7

Une dernière question s'est posée sur les hypothèques privilégiées, c'est celle de savoir s'il y avait un privilège pour l'hypothèque venant du chef d'un précédent propriétaire. Prenons un exemple : Titius a hypothéqué à Primus le fonds Cornélien, puis il vend ce fonds à Sempronius qui l'hypothèque lui-même à Secundus. Primus passera évidemment avant Secundus, en vertu de la règle *prior tempore potior jure*. Mais si, Sempronius s'est marié et a reçu une dot ; dans le dernier état de la législation romaine, sa femme aura une hypothèque privilégiée passant avant toutes les autres. Or cette hypothèse sera-t-elle primée par celle consentie par le précédent propriétaire ? Oui, avait répondu toute l'ancienne doctrine. Jusqu'au commencement de notre siècle cette opinion fut admise presque sans contrôle et voici sur quels arguments elle se fondait. Lorsqu'une personne meurt laissant des héritiers grevés de nombreuses dettes, les créanciers de cette personne peuvent empêcher l'avoir de leur débiteur de se confondre avec celui de ses successeurs. On leur accorde la séparation des patrimoines ; en pensant que s'ils ont traité avec un créancier, c'est qu'ils s'en rapportaient à lui, mais qu'il n'en est nullement de même quand il s'agit de ses héritiers. Pourquoi, disait-on, des créanciers qui ont pris toutes leurs précautions seraient-ils donc à la merci d'un acquéreur. Il y a là un successeur particulier, qui doit être traité comme les successeurs généraux : on leur accordera donc une *separatio ex jure hypothecaria*.

Cette doctrine qui ne se base sur aucun texte est généralement abandonnée aujourd'hui. Les arguments spécieux qu'on donne pour le soutenir, tombent au premier examen. Qu'est-ce, en effet, que cette *separatio ex jure hypothecaria*, d'où la tire-t-on, et comment veut-on nous la faire admettre ? Puis à quoi sert-il de dire qu'il n'est pas en la puissance de l'acquéreur de diminuer les droits des créanciers de son vendeur. Ce n'est pas lui, c'est le vendeur lui-même, ou encore la loi qui diminue leurs garanties. Ne pouvaient-ils pas stipuler de leur créancier la clause qu'il ne vendrait pas. De plus, qu'est-ce qui crée le privilège, ce n'est pas le vendeur, ni même l'acheteur, c'est la loi. Et si le privilège est abusif, c'est au législateur qu'il faut s'en plaindre, mais il ne faut pas essayer d'en réformer les abus par une doctrine créée de toutes pièces et ne reposant absolument sur rien.

Disons enfin que l'hypothèque, que s'est réservée le vendeur, est une hypothèque concédée par Secundus qui, par conséquent, ne primera pas les autres, mais viendra en concours avec elles ; comme par exemple, quand un créancier hypothécaire a une hypothèque sur biens présents et à venir. Nous tendons cependant à admettre qu'il en serait autrement si les parties l'avaient formellement stipulé. Nous avons vu que dans l'hypothèque romaine, il faut surtout s'en rapporter à la volonté des parties. Rien, du reste, n'est plus juste que cette convention par laquelle le vendeur primerait les créanciers de l'acheteur, car c'est lui qui a mis un bien dans le patrimoine commun. Mais la loi romaine ne lui accorde pas comme notre Code civil un privilège pour le payement du prix (1).

Nous venons de passer en revue les différents privilèges, et nous venons de voir dans quel ordre ils seront rangés en cas de conflit avec des hypothèques. Mais comment classera-t-on les privilèges entre eux ? Ici il ne s'agit plus de la règle *prior tempore, potior jure*, car les privilèges, comme nous le savons, sont classés d'après leur cause et non d'après la date de leur naissance. *Privilegia non ex tempore, sed ex causa æstimantur.*

Voici, je crois, comment on peut classer les privilèges. Nous mettrons en première ligne l'hypothèque du fisc pour le recouvrement des impôts. Justinien, en effet, classe ce privilège avant même celui qu'il accorde à la femme pour la restitution de sa dot (Loi 3, Code de *principilis*, XII, 63), il doit donc passer le premier de tous.

Nous trouvons ensuite l'hypothèque légale de la femme pour la restitution de ses créances dotales. Ceci seulement à partir de Justinien.

Ensuite vient le privilège des créanciers pour *versio in rem*. Et en dernière ligne celui du fisc pour le recouvrement de ses créances contractuelles. Il n'est, en effet, donné que

1. Nous devons cependant faire connaître qu'une opinion isolée s'est produite en sens contraire. Dans une composition d'agrégation du concours de 1884 M. de Lapouge a soutenu que le privilège du vendeur existait en droit romain.

sur biens à venir, c'est-à-dire sur les objets que le débiteur a acquis après qu'il a contracté avec le fisc.

Une dernière difficulté nous reste à élucider pour en avoir terminé avec l'étude du rang des hypothèques. Elle naît de l'autorité de la chose jugée. Quand on dit que trois créanciers se rangent dans l'ordre suivant : Primus, Secundus et Tertius. On dit que Primus primera Secundus et celui-ci Tertius. Mais qu'arrivera-t-il si Tertius a acquis un jugement en vertu duquel il est déclaré préférable à Primus ? Nous aurons alors cette situation bizarre de Tertius primant Primus, sera lui-même primé par Secundus. C'est l'hypothèse que prévoit au Digeste la fameuse loi 16-XX-4, si difficile à expliquer et qui eu l'honneur d'attirer l'attention de Leibnitz lui-même (1). D'après cette loi, Claudius Félix aurait hypothéqué un même fonds à trois créanciers, d'abord à Eutychiana, ensuite à Turbon, et en troisième lieu, à un autre individu. Eutychiana, exerçant l'action hypothécaire contre ce dernier créancier en possession (que nous appellerons Tertius), était dans la nécessité de démontrer son droit. Dans ce débat elle a été vaincue par Tertius, et elle n'a pas interjeté appel. Turbon exerçant à son tour l'action hypothécaire, devant un autre juge, avait été vaincu en première instance, mais il avait interjeté appel et obtenu gain de cause. Il s'agissait de savoir si le troisième créancier l'emporterait sur Turbon, lequel était inférieur en droit à Eutychiana parce que, en justice, il avait vaincu Eutychiana, ou bien si Eutychiana

1. Leibnitz. De Casibus perplexis.

étant écartée de l'ordre hypothécaire, Turbon devait avoir l'avantage sur Tertius ? La question revenait donc à savoir si on devait appliquer le principe : « Si vinco vincentem te, à fortiori te vinco ? » Le jurisconsulte répondait que Tertius devait l'emporter sur Turbon en se basant sur l'analogie qui existe en ce cas et celui de la *successio in locum*. « Plane cum tertius creditor de sua pœcunia dimisit, in locum ejus substituitur in eâ quantitate quam superiori exsolvit : fuerunt igitur qui dicerent hic quoque tertium creditum potiorem esse debere. » Mais Paul, de qui est notre loi, critiquait cette solution. Quand un créancier exerce le *jus offerendi* à l'égard d'un autre créancier, disait-il, il prend sa place et son rang à l'égard de tous. La chose jugée, au contraire, n'a pas des effets absolus, mais relatifs ; elle est comme non avenue à l'égard des tiers. Quant à la maxime : « Si vinco vincentem te, à fortiori te vinco », elle n'est applicable que si c'est en vertu du même droit que la victoire est remportée. Ici c'est toute autre chose ; si Tertius l'emporte sur Eutychiana , c'est en vertu du principe de la chose jugée et si Eutychiana l'emporte sur Turbon, c'est en raison de l'antériorité de son hypothèque.

La difficulté qui se présente est donc celle-ci : Turbon l'emporte sur Tertius et peut lui enlever la possession, mais Turbon est inférieur par l'action hypothécaire à Eutychiana et Eutychiana peut enlever la possession à Turbon. Tertius à son tour peut évincer Eutychiana. Nous tournons ainsi dans un *circuitus inextricabilis*. Comment en sortir ? Une

explication ingénieuse a cependant été donnée par Vangerow. Il faut, dit-il, s'attacher exactement à l'espèce telle
qu'elle est posée, dans le texte avec toutes ses particularités.
Eutychiana a succombé dans son débat contre Tertius parce
qu'elle n'a pas justifié de son droit d'hypothèque valable ou
préférable. Le débat a porté uniquement sur le droit de la
demanderesse. Elle n'a pas prouvé son droit. Quand ensuite
Turbon a obtenu gain de cause contre Tertius, il a enlevé la
possession à celui-ci. Cette possession va lui être enlevée par
Eutychiana, car elle a un droit préférable au sein. Mais si Tertius vient à se porter demandeur contre elle, la question ne
sera plus la même et on ne pourra pas opposer l'exception de
chose jugée. On peut supposer dans ce nouveau procès la
sentence favorable à Eutychiana, alors plus de difficultés :
Eutychiana, mise en possession, vend, se paye, restitue le
surplus du prix à Turbon, et l'excédent ira à Tertius.

Cette explication n'est pas absolument vraie, et elle peut
dans bien des cas ne pas trouver son application ; elle repose sur un accident de procédure, qui la plupart du temps
ne se réalisera pas. Nous préférons donc admettre une autre
opinion soutenue par M. Labbé. Notre savant maître pense
qu'il est possible de sortir d'embarras, en décidant que la solution variera selon les circonstances. Si Tertius ne par-
vient pas à prouver son hypothèque, alors Eutychiana sera
première, Turbon deuxième et Tertius troisième en rang.
En ce cas l'explication de Vangerow est acceptable. Mais si
Tertius démontre son hypothèque, alors Eutychiana aura

les mains liées par l'autorité de la chose jugée. Mais si, lorsque Turbon aura réussi à enlever la possession à Tertius, il est reconnu que Eutychiana peut enlever la possession à Turbon, elle ne le fera pas parce qu'elle sait bien que Tertius la lui enlèverait à son tour. Donc Turbon reste en possession, il vend, et sur le prix qu'il obtient il paye Eutychiana, qui pouvant l'évincer, peut aussi évincer son ayant-cause, l'acheteur. S'il y a excédent, ce sera pour Tertius, et celui-ci n'aura rien à dire, car il n'a pas d'action contre Eutychiana. Mais Tertius pourra prévenir cette vente. Il n'aura qu'à exercer le *jus offerendi* contre Turbon. Alors il lui enlèvera la possession, vendra, touchera le prix, et ne payera pas Eutychiana, qui ne peut pas plus évincer l'acheteur de Tertius que Tertius lui-même (1).

La difficulté que nous venons d'examiner en dernier lieu ne pourrait se produire dans une législation comme la nôtre où le crédit hypothécaire est parfaitement organisé. La vente aux enchères pouvant être requise par tout créancier, sans aucun prix de possession préalable, nous ne sommes pas exposés à ce que la chose jugée vienne nous mettre en présence de solutions contradictoires.

Nous avons ainsi terminé l'étude du rang des hypothèques à Rome. Nous avons pu constater, combien était imparfait le système hypothécaire romain, ce système, qui donne souvent la préférence au créancier hypothécaire, nanti de la possession. Souvent le premier créancier est

1. Labbé. Cours de Pandectes, 1882.

tout, les autres rien. Il y avait un moyen pour remédier à cet inconvénient, c'était le *jus offerendi*. C'est un droit, qui permet à un créancier de se mettre à la place d'un autre en le désintéressant. Bien que ce droit fasse quelquefois naître des conflits intéressants, nous n'avons pas pensé devoir lui faire une place à part dans cette étude, car *il ne touche pas directement au rang des hypothèques*.

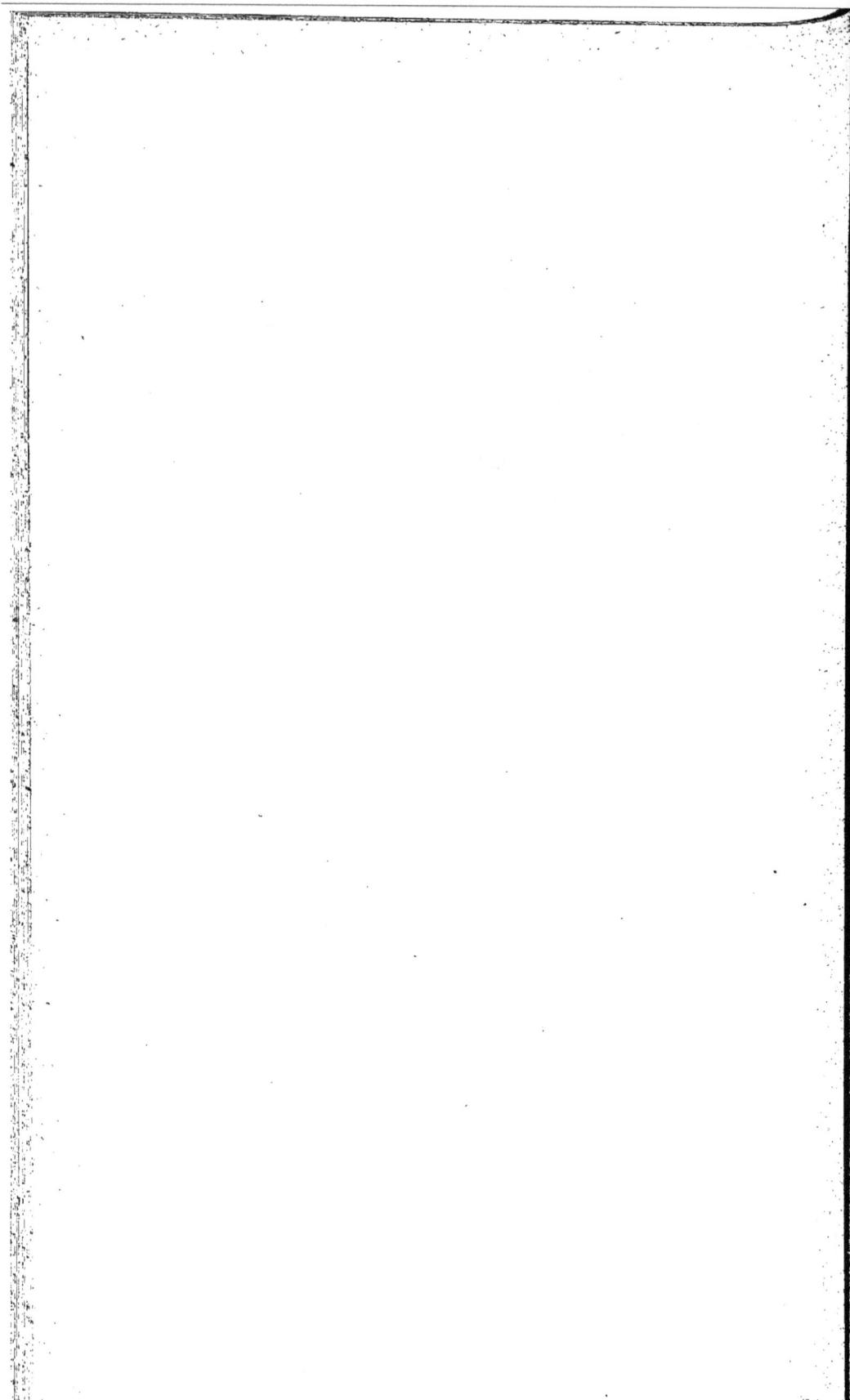

DROIT INTERNATIONAL PRIVÉ

DES

PRIVILÉGES ET DES HYPOTHÈQUES

CHAPITRE I.

INTRODUCTION ET GÉNÉRALITÉS.

Plus que jamais, dans notre siècle, les peuples se sont rapprochés les uns des autres. Les relations que les nationaux des différentes États ont entre eux sont aujourd'hui extrêmement fréquentes. Grâce à la facilité et à la rapidité des moyens de communication, les rapports commerciaux augmentent de jour en jour entre les différents pays, tellement qu'on a pu dire, il y a peu de temps, que le droit commercial tendant à se généraliser deviendrait bientôt le droit commun, remplaçant sur ce point le droit civil. Quoiqu'il en soit, nous voyons chaque jour, non seulement des étrangers acquérir des biens en France, mais encore des liens de droit se former, sur toutes les matières, entre nationaux de divers pays. Dans ces conditions, une grave question se pose :

Quelle sera la loi applicable en cas de contestation à propos de ces faits juridiques ? Ces relations, qui se forment entre sujets de différents États souverains, mettent, en effet, en présence plusieurs lois, qui toutes ont plus ou moins de raison pour régir le rapport de droit. L'humanité n'est malheureusement pas régie par une législation unique, elle obéit au contraire aux deux principes de la *variété* et de la *souveraineté* des lois. La variété, car chaque peuple à sa loi propre, différant plus ou moins profondément de celles de ses voisins, selon que son caractère et son tempérament s'en éloignent davantage. La souveraineté, car chaque peuple, dans la société moderne, a posé en principe, qu'il était maître, souverain dans toute l'étendue de son territoire, et qu'aucune autre loi que la sienne, ne devait être appliquée sans son consentement exprès ou tacite. De là vont naître de nombreux conflits : un Français traite avec un Italien par exemple ; les deux lois sont différentes, sur le point en litige, quelle loi devra-t-on appliquer ? Si l'on s'en tenait rigoureusement au principe que nous venons d'indiquer, au principe de la souveraineté, les tribunaux français devraient apppliquer la loi française et les tribunaux italiens la loi italienne. Mais une telle solution ne peut être adoptée. Il est conforme au droit, et à l'intérêt même bien entendu des nations, que les lois étrangères trouvent quelquefois leur application, devant les tribunaux d'un pays. Si les étrangers, en effet, étaient certains de voir toujours repousser leur loi nationale, de tomber toujours sous l'application d'une législation qu'ils connaissent plus ou moins parfaitement, ils s'abstiendraient de traiter, ou tout au moins ils hésiteraient à entrer en relation, avec l'État qui leur infligerait un pareil traitement. Cet État se verrait alors isolé, n'ayant ni les ressources du commerce extérieur, ni les lumières que peuvent apporter avec eux bien des étrangers ; il serait, pour ainsi dire, entouré comme autrefois la Chine d'une muraille infranchissable, et ne tarderait pas à périr.

Il faut donc qu'à côté de ces lois nationales, un pays se décide à appliquer les lois étrangères, mais il est des cas, où ces lois sont inapplicables. Il est des situations dans lesquelles la nation souveraine ne peut, sous peine d'abdication, se soumettre elle ou ses nationaux à une loi étrangère. En un mot, il faut qu'à côté des cas nombreux ou la loi étrangère sera appliquée, il y ait des actes juridiques soumis invariablement à la loi nationale. Quand devra-t-on donc appliquer la loi nationale, quand la loi étrangère ? C'est à cette question que répond la science du droit international privé ; ce droit peut être ainsi défini : « Celui qui détermine le domaine respectif des lois des diverses nations, quand elles se rencontrent et entrent en rivalité à la suite des rapports, nés entre particuliers. »

Notre but n'est pas de faire une étude *générale* du conflit des lois, ainsi que nous devons le déterminer, mais, au contraire, d'étudier une *théorie particulière*, celle du conflit des lois françaises et étrangères en matière de privilèges et d'hypothèques. Nous ne nous étendrons donc nullement sur les principes généraux du droit international privé et nous laisserons de côté toutes les discussions auxquelles ils ont donné lieu. Il est cependant un certain nombre de grandes règles que nous ne pouvons complètement passer sous silence, car elles renferment des expressions, qui doivent être nettement comprises et déterminées, et sans lesquelles on ne pourrait nous suivre dans notre étude.

Et d'abord, nous nous servirons souvent de deux termes, qui bien qu'ils semblent devoir être abandonnés aujourd'hui par un bon nombre d'auteurs, n'en sont pas moins, à notre avis, forts utiles ; nous voulons parler du *statut réel* et du *statut personnel*. « La loi ou statut personnel est celui de la « nation dont l'individu se trouve membre au moment où il « réclame un droit » (1).

Le statut réel est celui de la souveraineté de la loi territoriale. Les lois de chaque Etat régissent en général, du moins, les biens situés dans le même pays, sans distinguer si les individus qui ont des droits à exercer sur ces biens sont des nationaux ou des étrangers. Ces termes de statut personnel et de statut réel et la théorie qui s'y rattache (théorie des statuts) est, disons-nous, bannie aujourd'hui par d'excellents esprits. Nous n'hésitons pas cependant, pour notre part, à l'adopter tout en la corrigeant, comme nous le dirons tout à l'heure, et cela pour deux raisons. La première, c'est que malgré le reproche de vague qu'on a fait à cette théorie, à ces expressions, elles me

1. Fœlix. Traité du droit intern. priv. I, page 116.

semblent commodes et désignent des idées reçues et parfaitement connues de tous. La seconde c'est, qu'à notre avis, du moins, elle a été adoptée par les rédacteurs, de notre Code civil, art. 3, § 2 et 3. Dans cet article, les législateurs de 1804 ont voulu consacrer l'ancienne théorie des statuts, ils l'ont dit formellement et pour s'en convaincre, il suffit de se reporter aux travaux préparatoires. Dans son exposé des motifs sur notre texte, M. de Portalis, disait : « On a tou- « jours distingué les lois qui sont relatives à l'état et à la « capacité des personnes, de celles qui règlent l'état et la « disposition des biens », et le tribun Faure, en s'adressant au Tribunat s'exprimait d'une manière encore plus claire : « L'article 3, disait-il, contient les principales bases d'une « matière connue dans le droit sous le titre de *Statut per- « sonnel* et de *Statut réel.* » Nous admettons donc que la théorie des statuts est le point de vue auquel s'est placé le législateur français, en matière de droit international privé (1). Si nous affirmons ce principe, que nous allons du reste corriger dans une certaine mesure, c'est que nous aurons plusieurs fois à en faire l'application, dans le cours de notre étude, nous mettant en contradiction, sur ce point, avec bon nombre d'excellents auteurs.

Mais la théorie des statuts n'est pas suffisamment compréhensive, et il est souvent difficile de faire rentrer tel ou tel acte juridique, dans le statut réel ou dans le statut per-

1. Voir dans notre sens : Barde. La théorie traditionnelle des Status. Contrà : Despagnet. Revue Critique 1884, p. 487 et Précis de Droit international privé, p. 95.

sonnel. De plus, certains faits ne peuvent jamais rentrer dans un de ces statuts. Aussi l'art. 3 avant même de consacrer implicitement notre théorie s'exprime de la manière suivante : « Les lois de police et de sûreté obligent tous ceux qui habitent le territoire. »

Dans chaque pays les lois d'ordre public, c'est-à-dire celles qui ont en vue le bien général du pays, doivent être imposées ou tout au moins opposées aux étrangers, quand elles ont le caractère *de lois d'ordre public absolument général*. C'est un principe naturel, admis aujourd'hui par toutes les législations. C'est lui que consacre le 1er § de l'art. 3 C. civ que nous venons de citer. Le Code civil italien de 1866 en a trouvé une autre formule meilleure peut-être que la nôtre : « Malgré les dispositions des articles précédents, les lois, les actes, les jugements passés en pays étrangers, pas plus que les dispositions et les conventions particulières ne peuvent, en aucun cas, déroger aux lois prohibitives du royaume, concernant les personnes, les biens, les contrats, ni aux lois qui intéressent de quelque manière l'ordre public et les bonnes mœurs, » Quand nous disons que les lois d'ordre public doivent s'*imposer* aux étrangers, nous voulons dire que ces lois doivent être appliquées aux étrangers comme aux français. Quand nous disons qu'elles doivent être *opposées* aux étrangers, nous voulons dire qu'elles peuvent faire repousser la loi étrangère, sans cependant faire appliquer la loi française. Ainsi, parmi les lois qui s'imposent aux étrangers, nous citerons toutes les lois pénales, et parmi celles qu'on oppose aux mêmes etrangers, nous mentionnerons la loi qui prohibait le divorce avant son rétablissement en 1884. Certaines lois s'imposent donc aux étrangers comme aux français, ce sont les lois d'ordre public. Ce n'est pas ici la place de rechercher l'étendue de ces lois et les matières qu'elles embrassent. Du reste, les lois d'ordre public auront un champ d'application bien restreint dans notre matière, du moins avec le système que nous avons adopté, celui de la théorie des statuts, car dans une autre opinion, dont nous dirons tout à l'heure quelques mots en terminant ce chapitre, elles jouent au contraire un rôle considérable.

Une autre règle fondamentale du droit international privé est la règle *locus regit actum*, dont nous aurons à faire dans notre étude plusieurs applications. En matière d'acte juridique, (nous prenons ici le mot acte dans le sens *d'instrumentum*, bien entendu), c'est la loi du lieu où est passé l'acte qu'il faut appliquer. Notre Code civil fait une application de principe dans les art. 47, 170, 999, et ces articles ne sont certainement pas limitatifs. Du reste, lors de la rédaction de ce Code, un article avait été inséré, dans lequel cette règle était solennellement consacrée. Cet article disparut, non parce qu'on n'était pas d'accord sur le fond de l'article lui-même, mais seulement sur la place qu'il devait occuper. Du reste, il n'y a sur ce point aucune discussion, les auteurs sont d'accord pour le reconnaître comme constant, et la jurisprudence l'a proclamé dans de nombreux arrêts. (Voir

8

notamment Paris, 24 août 1880. D. 1880, 1. 447 et 24 février 1864. D. 64, 1, 160).

La théorie des statuts, telle que nous venons de l'exposer en la corrigeant a, comme nous l'avons déjà dit, de nombreux adversaires. Une école, dont le véritable créateur est M. de Savigny, mais qui a eu sa principale impulsion en Italie, fait prévaloir complètement la loi personnelle et met pour ainsi dire la loi territoriale de côté. Sans aller jusqu'à détruire complètement le statut réel, elle admet qu'il ne doit être appliqué que quand une loi d'ordre public ou économique le réclame impérieusement. Cette théorie qui paraît prévaloir aujourd'hui dans la doctrine ne saurait être admise sans conteste. D'abord, comme nous l'avons fait voir, elle ne peut être appliquée en face de notre article 3, C. civil. éclairé par les travaux préparatoires. C'est en vain qu'on prétendrait avec M. Despagnet, que les rédacteurs du Code civil en disant que tous les immeubles situés en France seront régis par la loi française, n'ont eu en vue que l'organisation intrinsèque de la propriété, et non les actes qui pourraient intervenir entre particuliers, à raison de cette propriété. Une semblable affirmation ne saurait être admise,

---

1. Nous disons que c'est M. de Savigny qui est le véritable créateur de cette école. C'est en effet lui qui le premier a donné à la loi personnelle le rôle prépondérant, que lui assigne aujourd'hui la plupart des internationalistes. Cependant Savigny diffère des auteurs Italiens et de M. Laurent sur un point, c'est qu'au lieu d'appliquer la loi nationale de l'individu, il applique la loi du domicile. V. Mancini, *Journal du droit International privé*, 1874. — Laurent, *Dr. Int. pr.* Tome VII.

devant les paroles formelles prononcées par les orateurs du tribunal et du Conseil d'État et que nous rappellions tout à l'heure. Mais la théorie qu'on nous oppose, en admettant qu'elle puisse se concilier avec les textes de notre Code civil, serait-elle vraiment un *desideratum* ? Faut-il même en matière de propriété donner toujours la prédominance à la loi personnelle ? Non assurément. Ne peut-on pas dire que même en dehors des cas où l'Etat aurait un intérêt politique ou d'ordre public dans l'organisation de la propriété, il est nécessaire cependant que la loi territoriale, le statut réel l'emporte sur le statut personnel. Dans l'intérêt même des particuliers, la propriété doit avoir sur un même territoire une réglementation uniforme. Que de controverses ferait naître l'application de la loi personnelle, quand plusieurs étrangers se trouveraient en présence ? En voulant simplifier le conflit des lois, les auteurs dont nous venons d'exposer l'opinion n'en ont-ils pas augmenté les difficultés.

Nous nous en tiendrons donc à la théorie des statuts, corrigée, comme nous l'avons dit, par le principe des lois d'ordre public et par la règle *locus regit actum.* Tel est notre point de départ, qui est aussi celui de la jurisprudence actuelle de la cour de Cassation française.

Si on nous reproche d'être retrograde, de vouloir remonter le courant de la science du droit international, nous répondrons les textes à la main, qu'il ne nous est pas possible de comprendre autrement la pensée du législateur français, et nous nous abriterons derrière la maxime souvent trop vraie : « Dura lex, sed lex ».

Nous diviserons notre étude en six chapitres.

1° Nous dirons quelques mots en général sur les conflits qui peuvent, s'élever en matière de privilèges et d'hypothèques.

Puis suivant l'ordre du Code civil, nous étudierons les conflits relatifs :

2° Aux privilèges.

3° Aux hypothèques légales.

5° Aux hypothèques judiciaires.

5° Aux hypothèques conventionnelles. Nous rattacherons à ce chapitre, ce qui se rapporte aux conflits qui peuvent s'élever à propos de l'extinction des privilèges et des hypothèques.

6° Nous nous demanderons quelles sont les règles applicables aux conflits de lois en matière de privilèges et d'hypothèques des navires.

CHAPITRE II.

Le patrimoine d'un individu est le gage commun de tous ses créanciers. D'une manière générale en fait de créance, l'égalité est la règle. Cependant certaines exceptions ont été faites à ce principe. On comprend qu'une personne, qui voit celui qui lui emprunte, chargé déjà de dettes nombreuses, n'ait que peu de foi dans la créance qu'on lui offre, aussi la loi permet-elle de stipuler une garantie plus forte que la sûreté générale dont nous venons de parler, d'où l'hypothèque conventionnelle.

De plus certaines personnes, certaines créances, semblent au législateur devoir être plus fortement protégées que d'autres La protection résulte alors d'une hypothèque légale ou judiciaire, et d'un privilège. Mais il est facile de comprendre, que les différentes législations n'ont pas organisé de la même manière, ces sûretés données aux créanciers. Les unes ont une liste plus ou moins longue de privilèges, les autres ne permettent de prendre hypothèque que dans tel ou tel cas ou dans telle ou telle forme. De là, quand une créance appartient à un étranger, naît un conflit. Quelle loi faudra-t-il appliquer? Est-ce la loi personnelle de l'étranger créancier, est-ce la loi du débiteur, est ce la loi du pays où l'obligation a été contractée, est-ce la loi du lieu de l'exécution, est-ce enfin la loi de la situation du bien sur lequel porte le privilège ou l'hypothèque?

C'est à cette question que notre travail tout entier a pour but de répondre. Mais avant d'entrer dans le détail de toutes les hypothèses, de tous les conflits qui peuvent naître, disons un mot des règles générales, qui doivent dominer notre matière, et nous guider.

En règle générale, la matière des privilèges et des hypothèques est réglée par le statut réel. Telle est encore l'opinion de Fœlix (1), qui déclare que le statut applicable aux privilèges immobiliers, aux hypothèques légales, judiciaires ou conventionnelles est le statut réel. Nous admettrons ce principe, bien qu'il soit de nos jours fortement combattu par les internationalistes. On reproche à notre système de résoudre d'une manière trop absolue, une question fort complexe et de ne tenir nul compte, ni des besoins du crédit, ni surtout de « l'autonomie de la personne humaine pour laquelle tous les droits existent ».

Deux auteurs surtout on pris à tâche de détruire l'opinion à laquelle nous venons de nous rallier. Ce sont MM. Fiore et Laurent. Le savant italien (2), commence cependant par

1. Fœlix. Traité du droit international privé, Tome I, p. 124.
2. Fiore. Droit international privé, p. 379 et suiv.

en admettre une partie. Il avoue que tous les privilèges tant mobiliers qu'immobiliers, doivent être régis, sont régis par le statut réel, par la *lex rei sitæ*. En effet, dit-il, tous les privilèges naissent de la loi, et sont des faveurs accordées par une législation, et nul ne peut accorder de faveur au-delà des limites de son autorité. Aucun étranger ne peut donc se prévaloir d'un privilège, qui ne serait pas admis par la loi du pays où il veut l'exercer.

Le crédit public s'oppose, d'une façon formelle, à ce qu'on franchisse la limite qui vient d'être indiquée. Les tiers ont des droits acquis contre tous ceux qui voudraient la franchir, et elle s'applique au privilège sur les meubles aussi bien qu'à ceux sur les immeubles. Quant à l'hypothèque, M. Fiore distingue entre l'hypothèque elle-même, qui restera soumise à la loi personnelle du créancier, et l'action hypothécaire, qui elle, suivra le statut réel. Il faut le dire de suite, les critiques adressées par cet auteur au système de Fœlix sont plus spéculatives que positives. Il va en effet jusqu'à la négation même de la loi civile admettant que l'article 2128 C. civ. est un contre sens juridique, en complet désaccord avec les lois modernes et devant être impitoyablement rayé de notre législation.

Quant à M. Laurent son système n'est pas absolument le même que celui de Fiore. On peut même dire, qu'il admet la réalité du statut en matière hypothécaire. Mais, chose bizarre, il l'admet tout en la niant, partant comme nous le savons, d'après notre premier chapitre, de l'inexistence du statut réel, et le remplaçant presque partout, par le principe d'ordre public. — Quoiqu'il en soit, voyons son système et les arguments qu'il apporte pour le soutenir. D'après lui, il est impossible de dire, d'une manière générale, que la matière des privilèges et des hypothèques est de statut réel. En vain lui objecte-t-on l'article 3, C. civ., et la tradition qui s'y rattache. Pour cet article il a été mal compris. La pensée du législateur de 1804 n'a pas été de soumettre tout ce qui concerne les immeubles au statut réel. Le premier paragraphe de l'article 3 en serait à lui seul une preuve. Il faut avant tout tenir compte du principe de l'autonomie, dans une matière où tout dépend de la volonté de l'homme. Si on arrivait à exclure cette autonomie, on dépasserait le réalisme traditionnel, car on ne niait pas dans l'ancien droit que la volonté des parties leur tînt lieu de loi et excluât les statuts proprement dits. Cela était admis en droit héréditaire ; on devait donc admettre la même restriction pour les hypothèques. Nous montrerons tout à l'heure, qu'en ce qui touche au droit de succession testamentaire, le professeur de Gand se contredit lui-même, dans le même chapitre à quelques pages de distance. Mais, il est impossible d'admettre sa conclusion sur le régime hypothécaire dans l'ancien droit. Boullenois nous dit de la manière la plus formelle que tout ce qui touche aux hypothèques est de statut réel : « Il est certain « qu'une hypothèque, un privilège sur les biens est un droit « réel sur ces biens ; l'action sans hypothèque ou privilège « reste seule pure personnelle, comme dans les pays de

« nantissement. Or il n'est que *la loi de la situation*
« ou les ordonnances enregistées, et qui font Loix par tout
« qui puisse donner ce droit réel. Or quand il n'y a pas
« ordonnance on ne saurait nier que ce soit la loi de la
« situation qu'il faille suivre parce que cette loi est en droit
« de diriger les biens qui lui sont soumis (1). » Dans l'ancien
droit français c'était donc le statut réel qu'on appliquait en
matière hypothécaire. On ne peut donc pas nier comme le
fait M. Laurent la tradition sur ce point. Or les travaux préparatoires, nous l'avons montré dans notre premier chapitre, consacrent formellement la tradition. Sur l'art 3, § 2,
M. de Portalis disait en parlant des propriétés que « réunies
et contiguës elles forment le territoire public d'un Etat.....
et que relativement aux nations étrangères, ce territoire
forme un seul tout qui est sous l'empire des souverains ou
de l'Etat. » Il en tirait comme conséquence, que tout ce qui
touche à l'organisation de la propriété devait suivre la loi
réelle, la *lex rei sitæ*.

Mais comme nous le disions, après avoir rompu bon nombre de lances contre le statut réel, en matière d'hypothèque,
M. Laurent finit par l'admettre. Il dit en propres termes que
les privilèges et les hypothèques obéissent à la loi du pays,
où sont situés les immeubles : « Ce qui revient à dire que
les lois relatives au crédit sont *réelles*. » C'est qu'en effet
ce n'est que sous couleur de loi d'ordre public absolument

1. Boullenois, *Traité de la personnalité et de la réalité des loix*,
tome I, page 833.

général que le savant auteur consent à admettre le statut réel.
Il est nécessaire, dit-il, que dans un pays bien organisé le
crédit soit uniforme. Si on peut obtenir un privilège, une
faveur, en vertu d'une loi étrangère que deviendront les
droits des tiers et la sécurité des capitalistes. Les fonds n'af-
flueraient certes pas dans un pays où tout serait laissé à l'in-
certain, ou on ne saurait jamais sous l'empire de quelle loi
où peut voir sa créance rangée ; les capitaux s'en iraient
au plus grand détriment du commerce de l'industrie et de
l'agriculture. Puis comment admettre la propriété foncière
régie par des lois différentes dans un même pays? Supposons deux fonds voisins, appartenant à des propriétaires de
nationalité différente, s'il existait entre eux une servitude par
quelle loi la régirait-on? Comment régler le conflit entre un
nu-propriétaire et un usufruitier de nationalités distinctes?
Enfin comment régler un ordre entre créanciers appartenant à différents pays? Le crédit public exige que la loi soit
unique, la même pour tous dans un même pays. D'après
M. Laurent lui-même, il faudra donc suivre la loi du pays où
l'immeuble qu'on veut hypothéquer est situé. C'est donc le
statut réel qu'on appliquera, sous couleur de loi d'ordre
public.

Voyons maintenant les principales applications qui sont
faites de ce principe d'une manière générale.

Pour les privilèges, M. Laurent est formel ; il admet qu'ils
doivent être réglés, non par la loi nationale de l'individu,
mais par celle de la situation du bien, sur lequel doit porter

le privilège. Le créancier étranger ne peut en aucune manière invoquer sa loi nationale en cette matière. Exercer un privilège sur un bien, c'est modifier le droit de propriété sur ce bien, car il y a là, d'après la théorie du professeur belge l'exercice d'un rouage du crédit public, soumis à la loi nationale du bien. Pour nous, nous y voyons simplement l'exercice d'un droit réel et soumis comme tel au statut de la *lex rei sitæ*. C'est arriver à la même solution en partant toutefois d'un point de départ différent. Ainsi la loi belge du 16 décembre 1851 accorde un privilège au donateur d'un immeuble, lorsque la donation a été faite sous certaines charges. Ce privilège n'existe pas dans la législation française. Le donateur belge d'un immeuble situé en France, ne pourra donc pas invoquer ce privilège.

Tous les auteurs sont d'accord sur ces points, mais où ils se divisent, c'est quand il s'agit de l'exercice de ces droits que nous venons de reconnaître. L'étranger pourra-t-il exercer son privilège nonobstant sa loi nationale ? C'est-à-dire qu'il faudra que l'étranger se voit accordée la cause de préférence qu'il invoque à la fois par sa loi nationale et par la loi française. Fœlix avait d'abord admis ce principe, en déclarant que trois conditions étaient exigées pour l'exercice du privilège : 1° Que la cause de préférence soit reconnue par la législation locale ; 2° Que l'étranger eut, en France, la jouissance du droit de préférence ; 3° Que cette cause de préférence lui soit aussi accordée par sa législation nationale. Mais, comme le fait remarquer M. Demangeat, il aban-

donna bientôt cette troisième condition et revenant aux véritables principes de la réalité du statut en matière de privilèges, il n'exigea plus que les deux premières de ces conditions. Telle sera aussi notre opinion.

Quant à ce qui touche à l'hypothèque, M. Laurent fait une
distinction entre l'hypothèque elle-même et la capacité des
parties contractantes. L'hypothèque et sa constitution seront réglées par la loi de la situation de l'immeuble, toujours
en vertu du principe d'ordre public. La forme solennelle de
la constitution devra être respectée ; car, dit-il, c'est une
condition de l'existence même de cette sûreté. Quant à la
convention qui donne naissance à notre droit elle sera réglée par la loi personnelle des parties. C'est ainsi que pour
l'âge des contractants, pour leur capacité, pour les autori-
sations on suivra le statut personnel. Nous n'éprouvons aucune peine à nous ranger à cet avis, mais, c'est parce qu'ici
nous ne sommes plus en matière hypothécaire, que nous re-
tombons dans la matière des obligations, régie essentiellement
par le statut personnel. Or, ne l'oublions pas selon l'expression si énergique de l'un de nos maîtres(1), l'hypothèque est
une pièce en deux actes, précédée d'un prologue et l'obligation qui lui donne naissance n'est que le prologue ; il ne fait
pas partie de la pièce et ne doit pas être traité de la même
manière qu'elle. Nous n'avons pas à nous occuper dans ce
chapitre des différents conflits qui peuvent naître à propos des

1. M. Rataud à son cours.

hypothèques conventionnelles, judiciaires ou légales, nous développerons longuement ces hypothèques dans les chapitres suivants. Nous avons voulu simplement donner une idée générale du conflit entre la loi française et les lois étrangères en matière de privilèges et d'hypothèques. Remarquons seulement que dans la théorie de M. Laurent et dans les applications qu'il en fait il admet partout la loi territoriale. Il déclare par exemple, que l'hypothèque testamentaire ne pourra jamais être exercée par un belge en France, (Droit civ. int. Tome VII, n° 374), tandis qu'il disait un peu plus haut, en parlant de la théorie des anciens statuts, qu'il ne comprenait pas pourquoi la volonté des parties ne pouvait pas changer en matière de sûreté testamentaire la loi réelle du pays.

Le droit de suite est le complément essentiel de tout régime hypothécaire. Le créancier qui s'est fait consentir une hypothèque sur un bien pourra donc suivre ce bien, dans toutes les mains où il se trouvera. Il pourra dire au propriétaire : Payez ou délaissez. Il pourra exproprier ce propriétaire en cas de non payement. Dans ce cas, la loi à suivre sera la loi territoriale, la loi du lieu où la procédure d'expropriation se fera.

Tout ce que nous venons de dire sur l'application du statut réel, s'applique aux hypothèques et aux privilèges immobiliers. Mais devons-nous en dire autant des privilèges mobiliers? Devons-nous admettre que eux aussi ils suivent le principe de la réalité? Nous reviendrons longuement sur cette question dans notre chapitre suivant. Posons seulement ici les règles que nous comptons appliquer en matière mobilière. Notre article 3 C. civ., qui nous a guidé jusqu'ici, est muet quand il s'agit de meubles. Il ne parle que des immeubles, et il est conçu de telle sorte qu'il ne peut même pas réellement servir d'argument *a contrario*.

Or, en matière de meubles, l'ancien droit français appliquait la règle : « Mobilia sequuntur personam. » Les meubles étaient régis par la loi du domicile de leur propriétaire. Et cela, qu'on les considère, soit pris isolément, soit formant une universalité. Tous nos anciens auteurs l'affirment de la manière la plus formelle (1). Faut-il aujourd'hui appliquer la même règle ? Nous ne le pensons pas. Nous avons dit au début de notre étude que le législateur français avait admis, dans le § 2 de l'art. 3, l'ancienne théorie des statuts, mais nous n'avons pas voulu aller plus loin. Nous avons fait observer combien les auteurs les plus autorisés résistent aujourd'hui à l'admission de ce principe. Nous la restreindrons donc dans la mesure du possible, et si nous l'avons admis, c'est, comme nous le disions, qu'il repose sur un texte formel. Comme pour les meubles nous n'avons pas de texte ; que les travaux préparatoires, comme nous allons le montrer, ne nous éclairent nullement, dans le sens du maintien de la tradition, nous n'hésitons pas ici à abandonner l'ancien droit pour nous attacher à une théorie plus conforme à

1. Bouhier. Observations sur la coutume du duché de Bourgogne, p. 458. — Boullenois. Por. et Ré. Tome Iᵉʳ, p. 940. – D'Argentré. Ad cons, Britann. Art. 218, p. 6, nᵒ 30.

l'esprit et aux besoins de la civilisation moderne. Nous ferons donc avec la doctrine et la jurisprudence une distinction entre les meubles *ut singuli et ut universi*. Nous appliquerons aux premiers seulement, la loi de leur situation. Nous baserons notre théoire comme le fait la Cour de cassation sur la loi d'ordre public. Nous dirons, qu'il n'y a rien de contraire à la saine doctrine de leur appliquer le § 1 de l'art. 3 qui soumet les étrangers aux lois de police et de sûreté ; et plus généralement aux lois d'ordre public. Or, il s'agit ici d'une loi de crédit, qui est nécessairement comprise dans les lois d'ordre public absolument générales, et qu'on peut par suite imposer et opposer aux étrangers. Rien, du reste, dans les travaux préparatoires ne résiste à notre manière de voir. Déjà certaines coutumes avaient compris cette règle et les meubles confisqués l'étaient au profit du seigneur du lieu où ils se trouvaient au moment de la sentence (1). Au moment de la rédaction du Code civil un article ainsi conçu avait été proposé : « Le Français, résidant à l'étranger, continuera d'être soumis aux lois françaises pour ses biens situés en France, et pour tout ce qui touche à son état et à la capacité de sa personne. Son mobilier est réglé par la loi française, comme sa personne. » C'était l'application de la maxime ancienne : *Mobilia sequuntur personam*. Mais cet article a disparu de la rédaction définitive pour être remplacé par l'art. 3, § 1.

1. M. Lainé à son cours.

On peut donc dire qu'il n'existe pas de texte formel sur notre matière. Dans ces conditions, quoi de plus juste que d'appliquer les lois économiques, les plus propres à assurer le crédit de notre pays. Or, aujourd'hui, on ne peut plus dire « Vilis mobilium possessio. » Les meubles forment la plus grande partie de la fortune publique. Il importe donc que les tiers sachent avec précision sous quelle loi ils contractent quand il s'agit de meubles, aussi bien que quand il s'agit d'immeubles. C'est seulement en appliquant la loi de la situation, qu'on arrivera à assurer cette certitude. Si on peut reprocher à cette décision des inconvénients, naissant de la mobilité des biens dont nous parlons, il faut remarquer que les tiers ne seront lésés qu'autant qu'ils le voudront bien, puisqu'ils connaîtront la loi, et qu'ils pourront prendre leurs précautions en se faisant remettre ces biens en gage.

La jurisprudence française a fait, dans un arrêt célèbre, où elle montre fort bien l'utilité du principe d'ordre public dans notre matière, une application de la théorie que nous venons d'exposer. Arrêt Graven, Caen, 12 juillet 1870 et Cass., 19 mars 1872 (D. 1874-I-465 (1).

Il est cependant un point, sur lequel nous insisterons plus tard, et qui ne doit pas suivre les règles que nous venons

1. Nous ne ferons aucune difficulté pour reconnaître avec M. Milhaud (Principes du droit international privé dans leur application aux privilèges et hypothèques au point de vue du droit positif français, page 52), qu'il ne faudra pas appliquer notre règle aux meubles qui ne seraient en France qu'en transit.

d'indiquer. C'est celui du conflit des lois en matière maritime ; nous reviendrons longuement sur ce sujet.

CHAPITRE III.

DES PRIVILÉGES.

Le privilége est un droit, que *la qualité de la créance* donne à un créancier, d'être préféré aux autres créanciers, même hypothécaires. Telle est la définition, que donne l'art. 2095 du Code civil, du privilège. Ce qu'il faut en retenir dès maintenant, pour notre sujet, c'est que la qualité de la créance est ce qui caractérise le droit au privilège, c'est qu'on doit appliquer la maxime « non ex tempore, sed ex qualitate privilegia ».

Cette remarque est importante, car elle empêche de confondre, comme le fait malheureusement M. Laurent, le privilége avec l'hypothèque légale. Pour le savant auteur, ces deux choses se ressembleraient tellement, qu'on devrait presque les confondre. Il se base sur ce fait, que le privilége qu'on a omis de conserver, pour lequel les formalités nécessaires n'ont pas été remplies, dégénère en hypothèque. Sans doute, nous ne pouvons nier ce fait, inscrit dans un texte formel, mais où nous nous séparons de M. Laurent, c'est quand il qualifie cette hypothèque de légale, car il arrive, en poussant à bout sa théorie, à des conséquences auxquelles nous ne pouvons souscrire. La jurisprudence française refuse en effet l'hypothèque légale aux étrangers, et sur ce point nous sommes d'accord avec elle, comme nous le dirons dans notre prochain chapitre. Elle se base sur ce fait, que l'hypothèque légale est un droit civil, réservé par l'art. 11, Code civil, à nos nationaux. Or, dit le jurisconsulte belge, pour être constant il faudra, dans ce système, refuser aux étrangers les priviléges qui ne sont que des hypothèques légales. Une telle doctrine est inadmissible. Comme nous venons de le dire, le point de départ des hypothèques légales et des priviléges est complètement différent. Il y a bien dans les deux cas une préférence donnée à une créance, mais dans une c'est seule *la qualité* de la créance qu'on envisage, dans l'autre c'est la personne créancière qui est préférée. Nous admettons donc, que même dans la doctrine admise par la Cour de cassation française, l'étranger peut avoir une créance privilégiée.

Mais quelle sera la loi applicable au cas où on voudra exercer son privilège ? Nous devons d'abord faire une grande distinction entre les privilèges. Les uns qu'on appelle seuls d'ordinaire privilèges et qui sont contenus dans les art. 2101 et suiv. et les autres qui sont relatifs aux droits successoraux.

Pour les premiers, la loi applicable est évidemment la loi réelle, la *lex rei sitæ*. Chaque fois que nous nous trouverons en présence d'un bien sur lequel on voudra exercer un privilège, nous devrons nous demander, si ce privilège est admis par la loi de la situation de ce bien, et si les conditions demandées par cette loi ont été remplies. Mais une fois ces deux choses établies, le privilège pourra être exercé, que ce soit par un étranger ou un national, qui cherche à s'en prévaloir, que le contrat qui donne naissance à ce privilège ait été passé en France ou à l'étranger. C'est en vain qu'on a voulu nier ce dernier point, en se basant sur l'art. 2128 C. civ. dans lequel il est stipulé « que les con- « trats passés en pays étranger, ne pourront donner d'hy- « pothèque sur les biens de France, s'il n'y a des disposi- « tions contraires dans les lois politiques ou dans les « traités ». Ce n'est pas en effet le contrat qui ici donnera hypothèque, mais la volonté du législateur. L'art. 2128, que les internationalistes traitent d'ailleurs de « monstruosité juridique », n'a jamais été écrit en vue de notre hypothèse. Ce que le législateur français a voulu, c'est empêcher un officier public étranger de donner en France un droit, pour lequel la loi exige un acte solennel, c'est écarter, on peut le dire, l'application de la loi étrangère en matière hypothécaire. Or si ce n'est pas la loi étrangère, c'est au contraire la loi française qui est appliquée. Il n'y a pas échec mais bien confirmation de notre législation. Il n'y a donc aucune raison pour ne pas donner le privilège en vertu d'un acte passé à l'étranger.

Ce sera la loi territoriale, la loi de la situation du bien, sur lequel on prétend exercer le privilége, qu'on appliquera dans notre matière. Ceci est conforme aux principes généraux que nous avons indiqués, et de plus admis par tous les auteurs. En effet, s'il s'agit d'immeubles, nous appliquerons l'art. 3, § 2, qui déclare que les immeubles, même ceux possédés par des étrangers, sont régis par la loi française. S'il s'agit de meubles, nous dirons encore qu'il faut les régir par la loi de leur situation, car il s'agit ici de meubles considérés *ut singuli*, et nous avons déclaré que dans cet ordre d'idées, nous appliquerions la *lex rei sitæ*. Les auteurs, qui comme MM. Laurent et Despagnez, n'admettent pas notre point de départ, arrivent cependant aux mêmes conclusions que nous. Ils déclarent que tout ce qui touche aux privilèges, tant immobiliers que mobiliers, est une matière de crédit public, que le législateur d'un pays doit organiser d'une manière uniforme, sous peine de ne pouvoir jamais arriver au règlement d'un ordre, sous peine de compromettre la fortune publique. Ils voient là une matière d'organisation générale, qui doit rentrer sous le couvert des lois d'ordre public.

Mais que va devenir leur principe d'autonomie. Ils l'écarteront complètement. Ils mettront même de côté la comparaison faite entre les privilèges et les hypothèques légales. Ils diront que c'est dans un but de justice et d'humanité, que le législateur a attaché un privilège à certaines créances. C'est donc la *lex rei sitæ*, qui seule décide si l'étranger peut ou ne peut pas invoquer ce privilège, quelle que soit la loi qui ait présidé à la naissance de l'obligation, et quel que soit l'Etat dont se réclament les parties : tandis que l'hypothèque légale, dépendance du droit de famille, n'est organisée que dans l'intérêt particulier de l'incapable, ou de la femme, le privilège, quoique profitant au créancier qui en est investi, est créé avant tout dans un intérêt supérieur, dans le but d'assurer le crédit du débiteur, pour empêcher qu'il ne manque des choses les plus nécessaires à la vie et encourager certains crédits réclamés impérieusement par les besoins sociaux. L'étranger pourra donc s'en prévaloir en France, sur les biens appartenant à ses débiteurs, quand même sa loi personnelle ne lui conférerait aucun droit de préférence.

On a cependant essayé de soutenir avec l'ancien droit, et à l'aide d'arguments spécieux que les privilèges devaient être réglés non par la loi de la situation, mais par celle de l'obligation. Les parties, a-t-on dit, en faisant un contrat dans un pays, ont voulu se soumettre à la loi de ce pays. Il est impossible en effet, de comprendre que plusieurs lois régissent une seule et même créance. C'est la même loi qui détermine la force, l'efficacité, les garanties, les causes de préférence de cette créance, la loi de la situation n'a aucun pouvoir pour attacher ou refuser une sûreté réelle à des créances qui ne relèvent pas d'elle. Ces sûretés n'ont pas d'existence propre, elles doivent être déterminées par la loi qui régit la créance qui leur donne naissance. Du reste, en passant leur contrat en pays étranger, les parties ont, tacitement au moins, déclaré vouloir s'en rapporter à la législation du pays dans lequel elles contractaient. On a appuyé ce raison-

nement d'un texte de l'ancien droit. Bouhier, à propos des hypothèques tacites (aujourd'hui les privilèges et hypothèques légales), soutenait en effet qu'elles suivaient la volonté des parties, dans quelque lieu que fut situé le bien sur lequel devait porter ces droits. « D'où il suit, disait-il, par
« une conséquence nécessaire, que comme l'hypothèque
« conventionnelle s'étend sur tous les biens de celui qui la
« constitue, quelque part qu'ils soient situés, il en doit être
« de même de l'hypothèque tacite, et cela a été jugé par
« différents arrêts du conseil supérieur de Flandre, au sujet
« de l'hypothèque de la dot de la femme. Il est vrai qu'il y a
« quelques auteurs d'avis contraire. Mais ils n'en donnent
« d'autre raison, sinon que les statuts n'ont point d'empire
« hors de leur territoire, raison excellente quand il est
« question des choses que les statuts ordonnent, indépen-
« damment de la disposition présumée des hommes, mais
« qui ne vaut rien, pour celles où ils supposent une conven-
« tion tacite, comme nous l'avons dit plusieurs fois. (1) »

Faisons d'abord remarquer que Bouhier était seul, dans notre ancien droit, à soutenir cette opinion ; que Boullenois, dans un passage que nous avons cité, déclare que l'opinion générale était celle de la réalité du statut en matière de privilège et d'hypothèques. Puis, l'opinion soutenue par le vieux jurisconsulte, ne provenait-elle pas d'une assimilation absolument fausse entre les privilèges et les hypothèques con-

1. Bouhier, *Coutume de Bourgogne,* I, p. 745.

ventionnelles? Quant aux raisons spécieuses, que nous avons développées plus haut, il est facile de les réfuter.

La loi française reconnaît bien aux parties le droit de régir leurs créances comme elles l'entendent ; elle leur permet d'y attacher une hypothèque et un gage. Mais elle exige formellement pour que la constitution de ces droits soit valable l'application du droit français. Or, notre droit n'admet pas la constitution des privilèges d'une manière tacite, elle rejette donc complètement l'application des droits étrangers en cette matière. De plus, quand même les parties auraient voulu se soumettre à la loi étrangère ; il existe certaines prescriptions de nos lois, considérées comme d'ordre public, et qu'on ne peut pas trangresser, auxquelles on ne peut pas échapper, même par une déclaration contraire. L'art. 3 qui règle le point dont nous occupons, est une de ces prescriptions.

Le principe indiscutable sera donc que les privilèges sont accordés aux étrangers comme aux Français, et que seuls les privilèges établis par la loi française pourront affecter les biens situés en France.

Voyons maintenant quels sont les principaux conflits qui peuvent résulter de l'application de ce principe.

Passons en revue les différents privilèges.

1° *Privilèges généraux sur les meubles.* Nous n'avons pas beaucoup à nous étendre à ce sujet car ces privilèges sont à peu près les mêmes dans les différentes législations européennes (1), et ne diffèrent que sur les détails. C'est ainsi que la loi italienne et la loi belge donnent privilège général sur les meubles, à peu près aux mêmes créances que notre Code civil. Cependant différentes dans les détails ces législations peuvent amener des conflits. Ainsi un malade soigné en France par un médecin français et qui posséderait des biens en Italie et en Belgique verrait ces biens soumis à trois sortes de loi au point de vue du privilège. La loi italienne ne donne en effet (1956. 3° C. civ. ital.) privilège sur les meubles du débiteur que pour les soins à lui donnés pendant les six derniers mois de sa vie. La loi belge pendant l'année qui a précédé sa mort, son désaisissement, ou la saisie de son mobilier, la loi française pour les frais quelconque de sa dernière maladie. Résultat bizarre, une créance régie par une même loi sera cependant privilégiée par un laps de temps différent, selon le pays où elle sera invoquée. De plus le privilège ne s'exercera en Italie que si le débiteur est mort et, en France, il y aura controverse, sur le point de savoir quelle portée donner à ces mots « *de la dernière maladie* ». Quant à la Belgique elle a formellement tranché la controverse dans son art. 19, en déclarant que le privilège s'exercerait que le débiteur soit ou non mort.

Prenons d'autres exemples. Des fournitures de subsistances ont été faites en France par un marchand français à une personne possédant des biens en France, en Belgique et en

1. Nous devons cependant mettre de côté l'Angleterre et l'Allemagne dont les législations sont fort différentes de la nôtre, au point de vue des sûretés réelles.

Italie. D'après les lois belge et italienne le marchand sera privilégié pour six mois, tandis que d'après notre Code civil il le sera pour un an si ses fournitures ont été faites en gros. Il sera donc traité d'une manière différente en France qu'en Belgique et en Italie.

Enfin le privilège des gens de service sera plus avantageux en Belgique et en France qu'en Italie. Dans ce dernier pays en effet d'après l'art. 1956 *in fine*, ils n'ont un privilège que pour les six derniers mois de service. D'après les lois française et belge, au contraire, leurs salaires sont privilégiés pour l'année échue et ce qui est dû de l'année courante.

Notre législation déclare que les privilèges généraux sur les meubles portent subsidiairement sur les immeubles en cas d'insuffisance du mobilier. En Belgique et en Italie, ces privilèges ne porteront sur les immeubles qu'après désintéressement complet des créanciers hypothécaires (1). Le créancier privilégié français verra donc quelquefois son privilège réussir dans notre pays, alors qu'il échouerait chez nos voisins.

Privilèges généraux sur les meubles et sur les immeubles. — Les principaux privilèges de ce genre sont ceux du bailleur et du vendeur. Le privilège du bailleur est exorbitant dans notre législation. L'art 2102, qui le règle, donne au

---

1. Remarquons cependant que la loi Belge de 1851 a maintenu le privilège subsidiaire sur les immeubles, et qu'il existe chez nous pour les frais de justice.

bailleur privilège pour tout ce qui est échu et pour tous ce qui reste à échoir, si les baux sont authentiques ou sous-seing privé avec date certaine ; tandis qu'il ne donne privilège que pour une année, à partir de l'expiration de l'année courante si le bail n'est pas authentique ou si sa date n'est pas certaine, quand il est rédigé par acte sous-seing privé. La législateur belge et le code civil italien ont réduit de beaucoup les effets de ce privilège. En Italie, le privilège n'existe pour la créance des loyers ou fermages de l'année courante et de l'année précédente, et aussi, pour ce qui est à échoir si les baux ont date certaine ; si les baux n'ont pas date certaine, le privilège est réduit à l'année courante et à l'année suivante, (art. 1958 C. civ. ital.) En Belgique, dans le cas de bail authentique, le bailleur possède le privilège pour tout ce qui reste à échoir, et si le bail n'est pas authentique, il n'a privilège que pour deux années échues, s'il s'agit d'une maison, trois années s'il s'agit d'une ferme, plus l'année courante et celle qui suivra.

Un étranger qui possède des immeubles soit en France, soit en Belgique, soit en Italie, peut louer ces immeubles, même à un étranger. Dans ce cas ce sera la loi de la situation qui règlera les rapports du preneur et du bailleur. Mais les parties auraient pu expressément choisir une autre loi et déclarer formellement dans leur contrat qu'elles entendaient se soumettre à leur loi nationale, par exemple. Une telle clause serait assurément valable, car les parties, en matière de contrats, ont droit de faire leurs conventions comme

elles l'entendent. Mais *quid* du privilège attaché à la créance?
Pourront-elles de la même manière le régler ou le changer.
M. Milhaud admet l'affirmative, en faisant cependant une distinction. Si le privilège de la loi, à laquelle les parties ont
entendu se soumettre, est plus fort que celui de la loi française, leurs conventions n'auront de ce chef aucune valeur,
et le bailleur verra à la fois disparaître pour lui le bénéfice
de l'art. 2102 et celui de la loi à laquelle il s'est référé. Si,
au contraire, la sûreté accordée par la loi étrangère est plus
faible que celle de la loi française, on appliquera cette garantie. C'est ainsi qu'on pourrait, si les parties l'avaient expressément stipulé, appliquer le privilège du bailleur des
lois italienne ou belge à un immeuble situé en France. Nous
ne pouvons admettre complètement ce système, dont la
distinction nous paraît complètement blesser l'intérêt des
contractants et les principes que nous avons posés, sur notre
matière. Nous nous rangerons donc à un autre avis: Si la loi
à laquelle les parties ont voulu se soumettre, n'admet pas de
privilège, celui-ci ne sera pas donné. Les contractants ont
pu avoir pour but en effet, en se soumettant à la législation
restrictive, d'écarter le privilège et on ne peut aller contre
leur volonté ; il y a là une clause tacite du contrat que l'on
doit respecter. Si la loi à laquelle les parties ont voulu se soumettre est au contraire plus forte que la loi française; si elle
accorde le privilège pendant un temps plus long, ou avec des
garanties plus sérieuses, on appliquera cependant la loi française. Il s'agit en effet ici, de l'organisation de la propriété,

d'une matière de statut réel, dans laquelle on ne peut aller plus loin que notre législation. Le privilége ne sera pas perdu, comme dans la théorie que nous avons exposée plus haut, car les parties en se soumettant à une loi plus avantageuse pour le créancier, ont marqué leur intention formelle d'user du privilège; pourquoi donc les en priver? L'ordre public ne se trouvera nullement atteint, et la loi territoriale ainsi que l'intérêt du crédit y trouveront leur compte. Il est bien entendu cependant, qu'il faut que le privilège donné par la loi étrangère soit de même nature que celui de la loi française. On ne pourrait pas aller d'un privilège à un autre, sous prétexte qu'un privilège en général est admis par notre législation. Enfin si le privilège accordé par la loi étrangère est moins fort que celui donné par la loi française, on appliquera la loi étrangère. On ne pourrait pas appliquer ici le statut réel dans toute sa rigueur; on ne pourrait pas dire : notre législation organise un mode spécial de protection du créancier dans tel et tel cas, il faut l'accepter tel qu'il est ou le repousser *sit ut est aut non sit*. On peut en effet renoncer à un privilège, on peut le restreindre, pourquoi donc ne pas appliquer selon l'intention des parties une loi restrictive ; puisque ces parties auraient pu arriver au même but, au moyen d'une clause de leur contrat.

Privilége du vendeur. — Un étranger a vendu des meubles à un Français et ces meubles ont été transportés en France. Or notre législation donne au vendeur non payé un privilège sur le prix de ces meubles, pourvu que ceux-ci soient encore entre les mains de l'acheteur, art. 2102 C. civ. Toutes les législations ne traitent pas aussi bien le vendeur. La loi italienne, par exemple, a supprimé son privilège, la loi belge l'a restreint, dans certains cas, comme celui où les meubles ont été immobilisés, sont devenus immeubles par destination. Dans l'hypothèse que nous avons posée d'un étranger vendeur, d'un Français acheteur ayant fait transporter chez nous l'objet à lui vendu, quelle loi devra-t-on appliquer. Est-ce la loi française, ou la loi du lieu du contrat?

Les parties ont pu passer la vente en Italie, la soumettre à la loi italienne d'une manière expresse, dans ce cas appliquera-t-on la loi française? Nous ne le pensons pas. Sur le privilège du vendeur de meubles, nous ne croyons pas qu'on puisse donner une solution uniforme. Ici nous ferons intervenir l'autonomie des parties. Trois situations pourront exister.

a) Les parties n'ont réglé leur contrat par aucune loi spéciale, elles n'ont rien déclaré expressément à cet égard, et on ne peut pas tirer du contrat lui-même une présomption, en faveur d'une législation plutôt que d'une autre. Dans ce cas nous appliquerons la loi de la situation du meuble, dans notre hypothèse, la loi française. Le vendeur italien aurait donc le privilège de l'art. 2102 et serait mieux traité que s'il avait contracté avec un de ses compatriotes. La loi de la situation sera bien entendu celle de l'endroit où se trouve le meuble au moment où l'on veut exercer le privilège. Il ne faudrait pas dire avec certains auteurs qu'on ne peut savoir quelle est cette situation, qu'il y en a deux, celle du lieu du contrat et celle de l'endroit où le meuble a été expédié. On ne peut à notre sens concevoir pour un meuble deux situations. Du jour où on l'a enlevé d'un pays, sa situation dans ce pays est perdue pour lui.

b) Les parties ont réglé leur contrat par une législation qui accorde le privilège du vendeur, mais ce privilège est plus fort que dans notre droit français. Ici nous appliquerons la loi française. Nous avons vu que le privilège doit toujours être réglé par la loi territoriale, on ne peut accorder en France une garantie plus forte, plus solide que celle reconnue par notre législateur. Il y a là une application du statut réelle et une règle d'ordre public, qu'on ne peut outrepasser. Quant aux parties, en adoptant une législation qui admet un privilège, elles ont montré leur intention de se soumettre à cette garantie, il faut donc la leur accorder autant que faire se peut.

c) Les parties ont réglé leur contrat par une législation qui n'admet pas le privilège, ou qui tout en l'admettant le restreint. On appliquera la loi choisie par les parties. C'est ainsi qu'un Italien qui aurait vendu à un Français, sous l'empire du C. civ. ital. de 1866, n'aurait pas le privilège du vendeur. En effet, il est permis de renoncer à un privilège, et de se soumettre formellement à une loi qui n'admet pas le privilège n'est autre chose qu'y renoncer tacitement.

Faisons quelques applications des principes que nous venons de poser. D'après la loi belge sur les hypothèques,

art. 20, § 5, le vendeur ne peut plus exercer son privilège
quand les meubles qui ont fait l'objet du contrat sont devenus immeubles par destination. Dans notre droit français cette
question est controversée. Les uns admettent que le privilége existe, les autres pensent au contraire qu'il est perdu,
enfin une opinion intermédiaire le fait subsister à l'encontre
des créanciers chirographaires, tout en le déclarant perdu à
l'encontre des créanciers hypothécaires. Or si un belge avait
vendu des meubles à un Français, en déclarant que la vente
serait régie par les règles du droit belge, il n'aurait pas en
France son privilège, si les meubles avaient été immobilisés,
quand bien même on adopterait sur la controverse l'opinion la plus favorable au vendeur. Il en serait autrement
s'il s'agissait d'une vente de machines. Dans le but de favo-
riser l'industrie, et de donner du crédit aux industriels, la
loi belge déclare le privilège du vendeur de machines, maintenu malgré l'immobilisation. Si les machines avaient été
vendues à un Français, et immobilisées en France par celui-
ci, la question du maintien du privilège dépendrait de la manière dont la controverse serait tranchée.

Nous appliquerons les mêmes solutions, à la question de
savoir si l'étranger aura en France le droit de revendication
dans la huitaine, des objets vendus par lui. Tout dépendra
de savoir quelle loi les parties ont entendu adopter. Si
cette loi est plus restrictive, on l'appliquera ; dans le cas
où elle le serait moins on appliquera la loi française.
Mais, dans notre droit, une controverse s'élève sur l'art.

2102, § 4, sur la nature du droit de revendication consacré
par cet article. Cette question de pur droit civil ne rentre
pas dans notre étude, nous nous contenterons donc de dire
qu'à notre avis, il faut y voir simplement la revendication
de la possession, à l'effet d'exercer le droit de rétention.
C'est ce point qu'il ne faudra pas perdre de vue, pour
voir si oui ou non la loi étrangère est plus ou moins restrictive que la loi française.

A côté des privilèges sur les meubles, nous trouvons les
privilèges spéciaux sur les immeubles. Nous avons peu de
chose à dire de ces causes de préférence. Nous leur appliquerons la loi française à moins que les parties n'aient formellement renoncé au privilège ou n'aient adopté une loi
qui implicitement admet la renonciation. En effet, les privilèges surtout immobiliers sont régis par le statut réel, on
ne peut leur appliquer en France une autre loi que la loi
française. Mais il est admis aussi qu'on peut renoncer à un
privilège comme à une autre garantie. Si donc on se place
volontairement sous une législation qui n'admet pas le privilège de la loi française, on admet par le fait même qu'on
renonce à la garantie stipulée par notre Code civil.

Certains privilèges ont trait aux lois successorales. Ainsi
d'après notre Code civil le cohériter a un privilège sur les
immeubles de la succession en garantie des soultes et
retour de lots qui lui sont dus, des évictions qu'il subit, sur
les biens qui lui sont échus en partage. Il a un privilège
pour le prix de la licitation sur l'immeuble licité. A quelles

10

conditions un étranger pourra-t-il exercer ce privilège de l'art. 2102 C. civ.? Faudra-t-il ici faire intervenir les principes des lois successorales, ou suivre le droit commun? M. Milhaud (1) pense qu'il faut faire intervenir les lois successorales, il fait une distinction entre les meubles et les immeubles. Si l'héritier est évincé d'un immeuble, dit-il, il aura le droit d'exercer son privilège, si au contraire, c'est d'un meuble qu'il est judiciairement dépossédé, le privilège ne pourra pas s'exercer, et peu importe que la loi nationale et la loi française s'entendent pour accorder le même privilège, car « la loi nationale du défunt de laquelle il tient ses « droits n'a pu accorder à l'héritier un privilège sur des « immeubles qui ne relèvent pas de la succession qu'elle « réglemente. » Nous ne saurions être de l'avis de cet auteur, nous raisonnerons ici comme pour les autres privilèges, nous nous demanderons si la loi nationale de l'héritier lui accorde un privilège et si la loi française admet ce privilège. Dans le cas où ces deux conditions se rencontreraient il y aura lieu de donner à l'héritier la garantie de l'art. 2103, C. civ. Ce ne sera pas, en effet, comme le prétend le jurisconsulte dont nous venons de rapporter les paroles, la loi nationale de l'individu qui lui donnera le privilège, mais la loi française qui lui accordera une sûreté qu'elle jugera nécessaire à l'égalité des partages (2).

Nous appliquerons la même règle à la garantie que l'art.

1. *Op. cit.*, p. 145 et suiv.
2. *Sic*, Laurent, *Droit civil int.*, tome VII, p. 478.

1017 donne aux légataires pour le paiement de leurs legs. D'après cet article, les héritiers du testateur, ou autres débiteurs d'un legs, sont tenus hypothécairement sur les immeubles de la succession du payement des legs. Supposons un testament fait en pays étranger, par un individu possédant des immeubles en France. Les légataires pourront-ils exercer leur hypothèque, (qui n'est autre chose qu'un véritable privilège) sur les immeubles situés dans notre pays. Il faut voir, si leur loi nationale et la loi française sont d'accord pour donner cette hypothèque. Si toutes deux l'accordent, on devra la leur donner ; si au contraire la loi nationale de l'étranger la repousse, on ne la leur accordera pas. M. Milhaud, qui donnait du reste une solution contraire à la nôtre, à propos du privilège du copartageant est ici d'accord avec nous, contre la jurisprudence qui dans un arrêt du 10 novembre 1847 (D. 48. 1. 38) a admis qu'il fallait suivre avant tout ici les lois successorales.

La loi belge du 16 décembre 1851, art. 44 déclare que le testateur peut créer une hypothèque testamentaire. M. Laurent admet que cet article a abrogé pour la Belgique l'art. 1017 du Code civil, et sur ce point nous sommes de son avis. Mais, que décider quand un testateur belge a fait des legs ? Quelle sûreté appliquera-t on en France ? Donnera-t-on l'hypothèque testamentaire de la loi belge, ou l'hypothèque de notre législation ? Nous ferons ici encore l'application de nos principes. La garantie testamentaire belge est, évidemment, de la même nature que celle de notre art. 1017, on peut

donc l'appliquer en France. Mais cette hypothèse est nécessairement spéciale, c'est elle qu'il faut appliquer chez nous,
car le testateur a montré son intention de restreindre la
garantie, et nous avons admis qu'on pouvait diminuer à son
gré un privilège. Si le testateur n'a pas donné d'hypothèque
aux légataires, par un acte de dernières volontés, nous ne
leur appliquerons pas l'art. 1017, car dans ce cas le privilège
de notre loi n'étant pas admis par la loi belge, nous ne pouvons pas le donner à un Belge. (1)

Aux termes de l'art. 2073, le gage confère au créancier le
droit de se faire payer sur la chose qui en est l'objet, par
privilège et *préférence* aux autres créanciers. Il y a donc
dans le gage un véritable privilège. Comment allons-nous
limiter cette sûreté au point de vue du droit international
privé ? Quelle loi lui appliquerons-nous ? La loi du pays où le
contrat a été consenti ou celle du lieu où se trouve le gage
au moment ou on veut exercer le privilège ? Il faut faire une
distinction entre le gage portant sur les meubles corporels,
et celui portant sur les meubles incorporels. Mais voyons
d'abord quels sont les principes en notre matière.

Le gage se forme par un simple contrat, la loi n'exige pas
pour sa constitution, comme pour celle de l'hypothèque, un

---

(1) Nous n'examinons pas ici la question de la séparation des patrimoines. Une grave controverse s'est élevée sur le point de savoir si dans
l'exercice de cette séparation il y avait un privilège. Nous admettons la
négative, et ne pensons pas devoir donner une place spéciale dans notre étude à cette question qui du reste nous semble mal posée par les
auteurs.

acte solennel, mais elle entoure la constitution de nombreuses garanties, destinées à prémunir les tiers, et à assurer le crédit public. Les art. 2074 et 2075 C. civ. énumèrent tant pour le gage corporel, que pour le gage incorporel, les formalités nécessaires pour sa validité. Il faudra un écrit quand la valeur du gage dépasse 150 francs en matière de meubles corporels, et quelle que soit la valeur du nantissement, en matière de meubles incorporels. L'acte de constitution devra contenir l'estimation du gage et la somme au nantissement de laquelle il est affecté. Quant au gage sur un meuble incorporel, on ne pourra l'exercer à l'égard des tiers que quand il aura été signifié au débiteur, ou quand celui-ci l'aura accepté dans un acte authentique. Ces règles sont, comme nous le disions il n'y a qu'un instant, protectrices du crédit public, mais faut-il les appliquer toujours. Doit-on dire qu'ici nous devons nous en tenir au statut réel ? Nous ne le pensons pas. Nous commencerons par faire une distinction entre l'acte constitutif du gage et l'exercice du gage. L'acte constitutif n'a en lui-même rien de solennel et il obéira à la règle *Locus regit actum*. On devra donc admettre le gage quand il aura été constitué selon la loi du pays où l'acte a été passé. Mais quant à l'exercice du droit de gage, il n'est pas soumis aux mêmes règles. La loi française a voulu, dans un but de protection du crédit, assurer au moyen de certaines formalités la publicité du gage. Il faudra donc appliquer ces formalités. Or de celle-ci, les unes sont substantielles, les autres ne le sont pas. On peut considérer comme substantielle la formalité de la remise du gage au créancier gagiste. Comment, en effet, les tiers seraient-ils prévenus qu'un gage a été constitué sur une chose si celle-ci se trouvait encore en la possession du débiteur? On ne peut parler ici ni d'inscription ni de transcription, puisque les meubles n'ayant pas d'assiette fixe, on ne saurait où aller chercher des renseignements sur les droits réels qui les frappent. Dans tous les cas donc, il faut pour que le gage soit opposable en France à ces tiers, que l'objet engagé ait été remis au gagiste. Mais nous croyons que là s'arrêtent les prescriptions impératives de notre loi. Supposons, par exemple, qu'un gage constitué à l'étranger a été remis au créancier, puis apporté par celui-ci en France? Sera-t-il obligé de remplir les formalités exigées par l'art. 2074. Sera-t-il obligé de faire faire l'estimation du gage et de faire dresser un acte, contenant le montant de la somme qui lui est due, quand même la législation de son pays, celle sous l'empire de laquelle il a contracté, ne l'y force pas? On se heurterait dans la pratique à des impossibilités nombreuses. D'abord, comment connaîtra-t-il toutes ces règles, lui qui a contracté sous l'empire d'une législation qui ne les exige pas. De plus, l'acte qu'il serait forcé de faire rédiger en arrivant en France, ne peut pas être un acte unilatéral. Il lui faudrait le consentement du débiteur. Or, si celui-ci est à l'étranger, s'il ne veut plus donner son consentement, qu'arrivera-t-il, le gage cessera-t-il d'exister à l'égard des tiers par suite de ce mauvais vouloir? Nous concluons donc : 1° Que le gage peut être constitué, par acte passé dans la forme du pays où les parties ont contracté par suite de l'application de la règle *Locus regit actum*; 2° Qu'il pourra être exercé en France sans les formalités requises par l'art. 2074; 3° Que le gage ne vaudra à l'égard des tiers, qu'autant qu'il aura été remis en la possession du créancier gagiste.

Tout ce que nous venons de dire s'applique parfaitement au gage corporel, mais non au gage incorporel. L'art. 2075 exige, pour que celui-ci puisse être exercé, une formalité de plus que pour le gage corporel. Si c'est une créance qui a été remise en nantissement, elle ne sera considérée comme un gage vis-à-vis du débiteur, que par une signification à lui faite, ou par une acceptation de sa part, consignée dans un acte authentique. Il faudra donc cette formalité. C'est qu'en effet ici, ce n'est plus la simple possession du titre qui fait connaître au débiteur celui auquel il doit payer. Il pourra donc valablement se libérer, en payant le débiteur principal, si les conditions que nous venons d'indiquer ne sont pas remplies.

Le gage peut porter sur un immeuble, on dit alors qu'il y antichrèse. On discute sur le point de savoir si l'antichrèse est oui ou non droit réel. Disons d'abord que nous ne la regardons pas comme un véritable privilège. C'est seulement la faculté de percevoir les fruits, et de les imputer sur les intérêts, ensuite sur le capital. Mais la question de savoir si c'est ou non un droit réel est grave au point de vue du droit international privé. Si c'est un droit réel il faudra faire trans-

crire l'acte d'antrichrèse, (art. 2 et 3 de la loi du 23 mars
1855) et cette formalité devra être remplie aussi bien par un
étranger que par un français. Pour la forme du contrat d'antichrèse, on suivra bien entendu la règle *Locus regit actum.*

CHAPITRE IV.

DES HYPOTHÈQUES LÉGALES.

Certains créanciers ne pouvant veiller eux-mêmes à leurs intérêts, par suite d'une incapacité naturelle ou légale, se trouvent favorisés par le législateur, qui leur accorde une hypothèque légale. C'est une hypothèque qui existe de plein droit, sans aucune convention, sans aucun jugement qui la constate, et qui, selon les législations, est entourée d'une plus ou moins grande publicité. Parmi les personnes ainsi protégées par la loi, nous rencontrons les femmes mariées, les mineurs, les interdits et certaines personnes civiles.

Durant le mariage, la femme est frappée d'une certaine incapacité, le plus souvent c'est son mari qui administre son avoir pécuniaire, elle se trouve en quelque sorte liée. Ne pouvant dans ces conditions stipuler les garanties qui lui sont nécessaires, ne pouvant se faire donner des sûretés hypothécaires, la protégeant contre la mauvaise gestion de son mari, la loi lui accorde une hypothèque légale dans bon nombre de pays. Le mineur a plus besoin encore que la femme de cette garantie. Son âge l'empêche de surveiller les actes de son tuteur, contre les délapidations duquel il faut le protéger. Nous en dirons autant des interdits et des aliénés, placés dans des maisons de santé. Aussi presque toutes les législations protègent ces incapables.

Mais toutes sont loin de s'accorder, sinon sur le fond du moins, sur les détails des garanties qu'elles offrent ainsi à la faiblesse ou à l'incapacité de ces personnes. Chez les unes comme en Allemagne, la spécialité et la publicité de l'hypothèque légale existe, chez les autres, comme en France, c'est la généralité et la clandestinité qui est appliquée ; chez d'autres enfin, comme dans les Pays-Bas, une réforme radicale est intervenue, et on a supprimé ces sûretés reconnues utilescependant, depuis tant de siècles. D'où on le voit, de nombreux conflits, que nous allons avoir à examiner.

En nous plaçant au point de vue du Code civil français, nous rencontrons, on peut le dire, deux classes d'hypothèques légales : celles accordées aux incapables, femmes mariées, mineurs, interdits, individus placés dans une maison d'aliénés ; et celles des personnes civiles, telles que l'État, les communes, etc... Nous allons les examiner successivement.

La première hypothèse qui se présente est celle de la femme mariée. Elle peut se décomposer elle-même en deux, donnant chacune naissance à une question : 1° La femme mariée étrangère aura-t-elle en France hypothèque légale sur les immeubles de son mari ? 2° La femme mariée française aura-t-elle hypothèque sur les biens de son mari situés en **pays étranger** ?

1° C'est une des questions les plus discutées dans la doctrine que celle de savoir si la femme étrangère possède en France l'hypothèque légale. La jurisprudence est à peu près aujourd'hui définitivement fixée dans le sens de la négative. Un arrêt de la Cour de cassation, du 20 mai 1862, rendu contrairement aux conclusions de M. l'avocat général Raynal, après un long délibéré en chambre du Conseil, a pour ainsi dire terminé le débat. Cependant les internationalistes et nombre de bons auteurs combattent vivement cet arrêt et la doctrine qu'il renferme. Il faut le dire, la question que nous venons de soulever est des plus compliquées, grâce aux termes si peu précis de notre Code civil en matière de droit international. Elle met en jeu non seulement la grosse question de savoir si l'hypothèque légale est de statut réel ou de statut personnel, mais encore elle réveille toute l'immense controverse de l'art. 11 C. civ. L'hypothèque légale de la femme est-elle oui ou non un droit civil réservé par cet article aux seuls Français ? Telle est la première question qu'il faut examiner, car si on conclut à la négative, le problème se trouve par là même résolu, il ne peut plus être question de discuter sur la nature du statut.

Nous n'avons pas l'intention d'exposer ici la théorie de l'art. 11 ; ce n'est ni dans notre sujet, ni très utile pour établir notre théorie ; nous nous contenterons donc de rappeler brièvement les principales opinions qui se sont produites à son propos. Ces opinions sont au nombre de trois. Dans la première, on refuse aux étrangers tous les droits civils qui ne leur auraient pas été conférés tacitement ou expressément par un texte. Dans cette opinion, bien entendu, il ne peut pas être question d'hypothèque légale pour la femme étrangère. Aucun texte n'en parle expressément, et les articles du Code civil sont plutôt défavorables que favorables à cette hypothèque. Dans une seconde, on accorde au contraire aux étrangers tous les droits civils qu'un texte ne leur refuse pas. Ici on peut trouver place pour notre sûreté, il ne reste plus qu'à examiner la question de statuts. Enfin la troisième opinion, la plus généralement adoptée distingue, d'après l'ancien droit, entre les droits civils qui sont de droit des gens et ceux qui ne le sont pas. Dans lesquels faut-il ranger l'hypothèque légale de la femme ? Dans les derniers assurément, répond la jurisprudence. Cette hypothèque est de pur droit civil, c'est une création expresse de la loi positive, pour pouvoir l'exercer il faudrait un traité et ce traité n'existe pas, avec la plupart des États, du moins. Que penser de cette doctrine de notre cour suprême ? Elle a été vivement combattue. M. Demangeat (1) va jusqu'à la qualifier de « déplorable interprétation de l'art. 11 », et M. Milhaud consacre un grand nombre de pages à essayer de démontrer qu'elle ne repose pas sur une base historique sérieuse. Il faut cependant avouer qu'il y a une grande part de vérité dans la jurisprudence. Qu'il y ait eu certaines discussions dans l'ancien droit, sur notre question, la chose est incontestable. Mais l'immense majorité de nos

1. Demangeat, sur Fœlix, t. Ier, p. 152. — Milhaud, op. cit. p. 92 et suivantes.

anciens auteurs admettait que la femme mariée étrangère n'avait pas l'hypothèque légale. Bouhier Rodenburg, (*De jure quod oritur ex statutorum diversitate*, tit. 2, ch. V, n°s 15 et 16). Voët, Pothier, (Introduction au titre 20 de la *Coutume d'Orléans*, ch. I, n° 9) le disent formellement. Il est vrai que Boullenois confondant les effets du mariage et ceux de l'hypothèque légale, déclare que celle-ci peut être considérée comme droit des gens, « car elle n'est pas un contrat borné à l'Europe, mais un contrat des quatre parties du monde, » mais il faut bien admettre que si on y regarde de près l'hypothèque légale de la femme est une pure création du droit civil. Il n'existe plus guère de législation en Europe où cette hypothèque soit traitée absolument comme chez nous.

Plusieurs législations ne l'admettent même plus, et l'ont complètement rayée de leurs codes. Comment dire alors qu'il y a là une institution admise par tout le monde ? Qu'on souhaite de voir cette hypothèque accordée aux étrangères comme aux Françaises ; que les docteurs désirent voir de jour en jour les règles restrictives du droit s'effacer et faire place à des législations libérales, les mêmes pour tous, c'est un souhait auquel nous nous associons volontiers. Qu'au point de vue spéculatif et même législatif, il y ait là un *desideratum* nous le pensons, mais nous ne voyons pas que dans l'état actuel de nos lois on puisse admettre avec certitude cette opinion (1).

1. Voir dans notre sens Fœlix. Revue étrangère et française de législation, 1842, p. 25 et suiv.

Cependant comme la majorité des auteurs semble s'y ranger contre la jurisprudence, il reste à discuter la question de savoir à quel statut appartient l'hypothèque légale de la femme. Faut-il la ranger sous le statut réel ou faut-il au contraire admettre qu'elle tombe sous l'application du statut personnel? A cette question qui a divisé la doctrine nous ne pouvons répondre d'une manière uniforme. A notre avis l'hypothèque des incapables tient à la fois au statut personnel et au statut réel. Elle tient au statut personnel, quant à son existence et au statut réel quant à son organisation. On peut dire qu'il y a ici deux règles à appliquer : 1° Pour que l'hypothèque légale soit accordée à la femme, il faut que cette cause de préférence lui soit concédée par sa législation nationale ; 2° que cette cause de préférence soit reconnue par la législation locale du lieu où en veut exercer cette hypothèque. D'après notre première règle, l'hypothèque légale est donc de statut personnel. En effet, nous avons un véritable rapport de famille, une véritable question de capacité. C'est parce que la femme est incapable qu'on lui donne cette garantie. C'est parce que durant le mariage, sous quel que régime qu'elle soit mariée, elle est soumise à son mari en droit et en fait presque toujours. C'est la loi nationale de la femme qui créé son incapacité; c'est donc elle qui doit dire si oui ou non la femme doit être sauvegardée. Si on admettait une solution contraire on en arriverait, comme dans un système que nous allons exposer, à protéger des femmes qui n'ont nullement besoin de protection.

Deux opinions se sont en effet produites contre notre théorie, une qui rattache l'hypothèque légale au statut réel, l'autre qui veut la faire dépendre des conventions matrimoniales de la femme. Pour la réalité du statut on invoque l'art. 3 §2 du C. civ. qui dit-on amène nécessairement à déclarer que l'hypothèque étant un démembrement de la propriété, un droit réel portant sur un immeuble doit être réglée par la loi française, qui seule a compétence pour organiser la propriété des immeubles. C'est confondre ici deux questions bien distinctes, celle de la capacité et celle de la propriété. Nous avons donné, on le sait, une large part au statut réel, nous avons admis qu'en matière d'hypothèque, c'est ce statut qui doit régler la plus grande partie des questions qui se posent, mais il ne faut pas aller trop loin et soumettre à la loi française tout ce qui touche de près ou de loin à la matière immobilière. Du reste, pour nous, l'art. 8 est la production de l'ancien droit sur les statuts. Or, que disait l'ancien droit sur la question qui nous occupe? Il n'avait pas à la vérité de théorie formelle, et s'il déniait aux étrangers l'hypothèque légale c'est qu'il regardait cette sûreté non comme un mode d'acquisition de droit des gens, mais de droit civil. Si nous regardons au contraire, des matières similaires à la notre, nous voyons que nos anciens auteurs, même en matière d'immeubles faisaient souvent une large part au statut personnel.

C'est ainsi qu'en matière d'usufruit légal des père et mère, le plus grand nombre d'entre eux appliquait le statut personnel. Bretonnier disait : « La puissance paternelle étant un rapport personnel, les statuts qui s'y rattachent sont tous personnels. » En matière de conventions matrimoniales, on avait d'abord discuté la question de savoir quelle loi régissait les immeubles situés sur le territoire d'une loi autre que celle des époux. On avait d'abord admis qu'il faudrait appliquer la *lex rei sitœ* et telle était l'opinion de d'Argentré. Mais Dumoulin combattit vivement cette doctrine, et il fit triompher le principe que c'était la loi personnelle des époux, qui devait régir les conventions matrimoniales, qui tacites ou expresses, devaient être exécutées partout selon la loi choisie par les conjoints. C'est du reste ce qui est encore aujourd'hui appliqué par la jurisprudence française, d'accord en cela avec les principes qu'elle a posés sur les art. 3 et 11 et que nous avons admis.

Il ne faut pas non plus s'arrêter aux objections, que les partisans à outrance de la réalité des statuts, ont voulu tirer des art. 2118, 2128 et 2129 C. civ. Ils prétendent que l'art. 2118 ne déclarant pas les immeubles étrangers susceptibles d'hypothèque, il faut considérer son silence comme une preuve contre notre doctrine. Ils ajoutent, qu'en refusant force hypothécaire aux contrats authentiques faits à l'étranger, et ne l'accordant aux jugements étrangers qu'après qu'ils ont été révisés par un tribunal français, ou tout au moins, dans l'opinion la plus libérale, qu'ils ont été revêtus

1. Henrys, *Œuvre*, par Bretonnier, t. II, p. 720.

de l'*exequatur* par la justice de notre pays, notre législation manifeste hautement que la loi française ne reconnaît à l'hypothèque d'autres sources, que celles fixées par la loi française. Mais d'une part (argum. de l'art. 2118), ce serait rayer complètement l'hypothèque des biens, possédés par le Français à l'étranger et par les étrangers en France, ce qui est contraire à tous les textes, et de l'autre (argum. des art. 2123 et 2128), c'est trancher la question par la question, car il s'agit justement de savoir si notre loi reconnaît l'hypothèque légale aux étrangers.

La théorie qui veut rattacher l'hypothèque légale de la femme à ses conventions matrimoniales et lui faire suivre la loi de celles-ci, bien que séduisante au premier abord, n'est pas plus admissible que celle de la réalité du statut. A la vérité, l'hypothèque dont nous parlons est bien jusqu'à un certain point un accessoire des conventions matrimoniales, et on pourrait être tenté d'appliquer la règle *accessorium sequitur principale*. Mais quand on y regarde de près, on voit qu'il s'agit bien ici d'une question de capacité, que c'est, comme nous le disions plus haut, parce que la femme est incapable qu'elle est protégée. Prenons par exemple, une hypothèse, qui bien que ne pouvant pas se présenter dans l'état actuel des législations, n'a cependant rien d'impossible. Admettons que dans un pays la femme mariée ne soit nullement soumise à la puissance maritale, qu'elle n'ait en conséquence aucun besoin de protection et qu'elle administre elle-même ses biens. Cette femme vient à se marier dans un

11

pays qui n'est pas le sien, et les époux adoptent pour leurs conventions matrimoniales la législation du pays où ils contractent mariage. Pourra-t-on donner à la femme une hypothèque légale sur les biens de son mari quand elle n'en aura nullement besoin ? Nous concluons donc qu'il est impossible de rattacher l'hypothèque de la femme à la loi de ses conventions matrimoniales. C'est en effet non seulement pour son apport, mais encore pour ses autres créances que la femme a une hypothèque légale. Ce ne sont pas les pouvoirs plus ou moins grands du mari, qui déterminent l'étendue de cette garantie. Elle est la même toujours et dans tous les cas ; elle n'est que le corrélatif de l'incapacité.

Complétons l'exposé que nous venons de faire en disant que la Faculté de Droit de Paris, dans le rapport sur la réforme hypothécaire au Ministre de la Justice, en 1842, admettait la doctrine que nous venons de combattre. Elle déclare que la femme étrangère doit avoir l'hypothèque légale bien que mariée à l'étranger, si ses conventions matrimoniales sont réglées par la loi française ; elle ne veut pas voir dans cette hypothèque une des règles de l'administration de la famille, elle la déclare en quelque sorte une convention matrimoniale tacite. Cependant comme palliatif le rapport admet que dans le cas de mariage étranger, l'hypothèque sera encore donnée si la législation étrangère la reconnaît (1).

1. Documents relatifs au régime hypothécaire, Tome III, p. 570 à 591. V. aussi Milhaud, op. cit. p. 113 et suiv.

Mais si l'hypothèque légale de la femme appartient quant à sa constitution en grande partie au statut personnel, elle a aussi une place dans le statut réel. Ici nous allons rencontrer l'explication de la seconde règle que nous avons posée et aussi la réponse à la seconde question prévue par nous au début de ce chapitre.

Si c'est la loi nationale de la femme qui règle le cas où elle aura une hypothèque légale, ou plus exactement qui dit si oui ou non elle aura cette hypothèque, encore faut-il pour que cette garantie existe qu'elle soit reconnue par la loi du pays où on veut l'exercer. M. Demageat, nie ce principe et il admet, par exemple, que la femme française aura son hypothèque légale sur les biens de son mari situés dans les Pays Bas, quand la législation de ce royaume a aboli les hypothèques légales (1). Nous ne pouvons en aucune manière nous rallier aux conclusions du savant magistrat. Son opinion est le renversement de la théorie des statuts et de l'art. 3, § 2 de notre Code civil. Donner une hypothèque, c'est-à-dire une cause de préférence sur un bien, c'est modifier le droit de propriété, c'est à n'en pas douter, une des applications de l'art. 3. Il y a là l'exercice d'un rouage de crédit public qui est du statut réel. M. Demangeat sent tellement la faiblesse de sa théorie, qu'il n'ose pas la pousser jusque dans ses conséquences absolues, et qu'il déclare qu'il faudra cependant que la législation du pays où on veut exer-

1. Demangeat sur Fœlix, p. 153.

cer sa garantie reconnaisse au moins le droit appelé hypothèque. C'est la seule conséquence de son système qu'il
examine et qu'il repousse, mais ne pourrait-on pas en trouver d'autres qui sont aussi inadmissibles. Admettra-t-il, par
exemple, que si la législation de la femme lui donne un privilège, il faudra l'admettre en France, ou encore qu'elle
aura le droit de faire porter son hypothèque sur des meubles, comme cela peut se faire d'après sa législation nationale.

Il faudra donc que non-seulement la loi nationale de
l'étrangère lui accorde l'hypothèque légale, mais encore que
cette sûreté soit reconnue par la loi française, pour que la
femme puisse l'exercer dans notre pays. Nous admettrons
donc comme conséquence, que la femme française ne pourra
pas exercer son hypothèque légale dans les pays ou celle-ci
n'est pas admise par la loi, et notamment dans les Pays-
Bas (1).

Une fois admis que la femme étrangère peut avoir hypothèque légale en France, la question se pose de savoir
quelle sera cette hypothèque ? Devra-t-on admettre que ce
sera la sûreté organisée par la loi étrangère, ou bien appliquera-t-on l'hypothèque légale telle qu'elle est organisée
par notre Code civil ? Les auteurs sont unanimes pour répondre, sur ce point, que ce sera notre hypothèque. Nous
partageons leur avis. L'hypothèque comme nous l'avons ré-

1. Sic Laurent. Droit civil intern. T. VII, p. 473.

pété tant de fois est de statut réel, elle appartient à l'organisation de la propriété immobilière, et comme telle, ne saurait être soumise à aucune loi étrangère. Comment, en présence de l'art. 3, § 2, voudrait-on soutenir que c'est une
hypothèque étrangère, qui viendra grever les biens du mari
situés en France. Pour ceux qui, comme nous, admettent
que l'hypothèque légale est un droit civil qui n'est pas accordé aux étrangers, rien de plus simple que cette question.
Mais il faut l'avouer pour nos adversaires, pour ceux qui
admettent un empiétement de la loi étrangère sur le domaine nationale, la question est délicate. Puisque l'hypothèque légale de la femme étrangère lui vient de sa loi
nationale, il semble que c'est l'hypothèque, telle que cette
loi la réglemente qu'elle doit invoquer en France. Et on en
tirera cette conséquence logique, c'est que l'ordre public
s'opposant à ce qu'on ait sur le territoire des droits que la
loi territoriale n'admet pas, la femme étrangère se trouvera
privée de son hypothèque, si celle-ci a des effets différents
de l'hypothèque française. On sort à grand'peine de cette
difficulté. Nous croyons cependant qu'elle n'est pas
insurmontable. M. Millaud, dans son ouvrage sur le
droit international privé appliqué aux priviléges et aux
hypothèques (1), cherche à trouver la solution du problème
dans une disposition tacite de la loi étrangère. D'après lui,
la loi étrangère a bien l'intention d'affecter tous les im-

1. P. 125.

meubles du mari de l'hypothèque légale, mais pour la réglementation de cette hypothèque elle s'est placée dans le
cas le plus général, dans celui où le mari a ses immeubles
situés dans le pays. Puis, sachant que la loi étrangère n'admettrait pas une hypothèque, qui ne serait pas la sienne, elle
a mieux aimé donner la garantie de la loi étrangère qu'aucune garantie ; elle a préféré une hypothèque qu'elle regarde comme moins parfaite, au néant. Je ne crois pas qu'il
faille s'arrêter à cette solution ; s'il offre l'avantage de ne
pas s'éloigner, comme dit l'auteur, de la rigueur des raisonnements du droit, il me paraît bien difficile à admettre.
Je comprends peu les dispositions tacites d'une loi, surtout
quand elles portent sur un point aussi grave que celui que
nous examinons. Ce que je crois faux, c'est le point de départ de M. Milhaud, qui admet que c'est la loi nationale de
l'étranger, et cette loi seule qui confère l'hypothèque. Pour
nous, la loi française a une certaine part dans la création de
l'hypothèque légale de la femme. La meilleure preuve en
est la règle que nous avons démontrée, à savoir qu'il faut
que cette hypothèque soit non-seulement reconnue par le
statut personnel de l'étranger, mais encore admise par la loi
du lieu où on prétend l'exercer.

L'étrangère incapable d'après sa loi a besoin d'une protection, sa loi la lui accorde, et rien ne trouble en cela
l'ordre public français. Voilà donc l'étrangère munie d'un
droit, mais les principes de notre législation s'opposent à
ce qu'elle l'exerce en France. On ne poussera cependant

pas la rigueur jusqu'à l'extrême. On s'efforcera de combiner les intérêts français avec les droits de l'incapable et on lui échangera pour ainsi dire son hypothèque nationale pour l'hypothèque française. Cette solution ne porte aucune atteinte au crédit de notre pays, et elle a l'avantage de combiner notre loi territoriale avec le statut personnel de l'étranger. Telle est, nous croyons, l'explication qu'on doit donner de cette substitution bizarre d'une loi à une autre. On voit à combien de difficultés on se heurte, quand se trouvant en face d'un droit civil, d'un de ces droits que les Français seuls peuvent invoquer, on veut absolument l'accorder aux étrangers. De plus, quelle confusion va régner dans les ordres hypothécaires, si le mari possède des biens dans cinq ou six pays différents, et dont les législations ne sont pas semblables. Il serait heureux de voir sur ce point intervenir des traités. « Il faudrait, dit avec beaucoup de raison M. Laurent (1), pour toutes ces matières des conventions internationales, pour que le bienfait de la loi ne soit pas illusoire. »

Faisons maintenant l'application des principes que nous venons de poser en comparant la législation française à quelques législations étrangères. Nous avons déjà dit que la loi hypothécaire des Pays-Bas avait complètement écarté les hypothèques légales. Nous déciderons, en conséquence, que la femme française ne peut avoir hypothèque légale

1. *Droit civil int.*, tome VII, p. 473.

dans ce pays et par contre que la femme néerlandaise ne pourra invoquer en France la sûreté qui garantit les créances matrimoniales.

La loi Belge du 16 décembre 1851 a maintenu l'hypothèque des femmes, sur les biens du mari (art. 47). Mais, en même temps elle a spécialisé cette hypothèque, et l'a soumise à certaines formes de publicité, sur lesquelles nous reviendrons tout à l'heure. Elle a spécialisé l'hypothèque qui ne porte plus que sur des biens désignés par le contrat de mariage, ou par une ordonnance du président du tribunal pendant le cours du mariage. Une femme française ne pourrait donc avoir hypothèque en Belgique sur les biens de son mari, qu'en obtenant une ordonnance du président du tribunal, soit de son domicile, si elle habite la Belgique, soit du lieu de la situation de l'immeuble, si elle réside ailleurs. La loi belge accorde formellement aux incapables l'hypothèque légale sur les biens de leur administrateur situés en Belgique. La femme belge aura hypothèque légale en France et cette hypothèque sera l'hypothèque française ; elle sera donc générale et clandestine. Nous reviendrons bientôt sur ces deux dernières conditions.

Le Code civil italien, art. 1969 accorde à la femme une hypothèque légale, pour la reprise de sa dot et pour ses gains dotaux. Cette hypothèque porte sur tous les biens que possède le mari au moment de la constitution de dot, et que le notaire indique d'une manière précise, d'après les déclarations du mari. L'hypothèque peut-être restreinte à certains biens, par le contrat de mariage. L'hypothèque légale de la femme doit être inscrite dans les vingt jours, par le mari ou le notaire qui a reçu la constitution de dot. La femme française, qui voudrait exercer une hypothèque légale en Italie, devra donc se conformer à ces prescriptions. Elle aura une hypothèque pour sa dot et pour ses gains dotaux, comme nous le dirons en déterminant la loi que régit les créances garanties par l'hypothèque légale. La femme italienne aura en France la même hypothèque légale que la femme belge, dont nous venons d'exposer la situation au point de vue des garanties matrimoniales.

Nous en dirons autant de l'hypothèque légale de la femme en droit espagnol. Une Française aurait en Espagne l'hypothèque légale sur les biens de son mari, mais à condition de la spécialiser et de l'inscrire puisque la loi hypothécaire de 1862 en Espagne exige la spécialisation et l'inscription de toutes les hypothèques, sans une aucune distinction.

Nous ne dirons rien de l'Allemagne, sa législation hypothécaire est des plus simples ; on n'y rencontre, en général, ni hypothèque légale, ni hypothèque judiciaire ; la spécialité et la publicité sont exigées dans tous les cas. On ne pourra donc pas donner à une Allemande une hypothèque légale en France puisque son statut personnel ne lui reconnaît pas ce droit, ni à une Française une hypothèque légale en Allemagne puisque la législation germanique n'admet pas cette sûreté.

Notre Code civil établit le principe de la spécialité et de la publicité comme base du régime hypothécaire, mais il y apporte une exception en ce qui concerne les hypothèques légales des incapables. Celles-ci sont générales et efficaces sans aucune inscription. L'hypothèque légale de la femme mariée est donc chez nous une hypothèque occulte ; mais comme nous venons de le voir il n'en plus ainsi dans le plus grand nombre des législations modernes. Ceci nous amène à nous demander quelle sera la loi qui régira l'hypothèque légale, quant à sa forme, quant à sa publicité. D'après les principes que nous avons exposés, aucun doute ne peut s'élever, ce sera la loi territoriale, le statut réel qui régira la matière. Nous avons encore ici un mode d'organisation d'un droit réel qui ne peut obéir à une loi étrangère. La publicité a pour objet de porter l'hypothèque à la connaissance des tiers intéressés, c'est un rouage du crédit public qui doit être régie par la loi nationale et non par une loi quelconque étrangère. Les hypothèques des femmes mariées françaises sur les biens de leur mari situés en Belgique, en Italie ou en Espagne doivent donc être inscrites.

Pour nous, il faut dire que les hypothèques des femmes étrangères n'auront, au contraire, nul besoin d'être inscrites, pour être valables et opposables aux tiers en France. Cette solution est loin d'être admise par tous les auteurs. Bon nombre prétendent que les hypothèques devront être inscrites, et ils se servent de ce moyen, pour répondre à l'argument qu'on tire de la clandestinité des hypothèques légales, pour les refuser aux étrangers. Voici comment ils raisonnent. Les hypothèques doivent, en règle générale, être rendues publiques, mais dans l'intérêt de certaines incapables, les articles 2121 et 2135 ont apporté une dérogation à la règle. Ils admettent que les femmes mariées, les mineurs, les interdits, auront une hypothèque occulte. Or, il y a ici une exception, exception toute personnelle aux incapables français, une exception qui doit être *strictissimæ interprétationis.* « Le législateur français, dit M. Milhaud « (1), n'a pas prévu le cas, où une hypothèque légale appartiendrait à un mineur étranger. Mais si l'on se demande ce qu'il aurait décidé, s'il l'avait prévu, on est fondé à « croire qu'il aurait soumis cette hypothèque à l'inscription, « par crainte que la clandestinité n'offrît plus de désavantage dans ce cas, que dans celui de l'hypothèque des incapables français. » Nous avouons franchement que le législateur, n'a pas prévu l'hypothèque légale de l'incapable étranger, puisque nous croyons qu'il n'a pas voulu lui en donner, mais, où nous ne pouvons suivre M. Milhaud, c'est dans l'interprétation de la volonté du législateur. A la vérité, on court peut-être de plus grands risques, en traitant avec le mari d'une étrangère, parce qu'on saura moins facilement quels sont les droits de la femme, ou même si le débiteur, avec lequel on traite, est marié, mais il n'en est pas moins vrai, que du moment où on admet que l'hypothèque existe, il faut l'admettre avec toutes ses conséquen-

1. *Op. cit.,* p. 130.

ces, bonnes ou mauvaises : *Dura lex sed lex.* Nous ne pouvons que répéter ; il s'agit ici d'un statut réel, c'est la loi de la situation de l'immeuble qu'il faudra suivre, et il ne faudra rien ajouter à cette loi.

En vertu de quel texte voudrait-on obliger à l'inscription hypothécaire la femme étrangère. Du reste, qu'est-ce qui est chargé de l'inscription ? le mari. Mais il se gardera bien de la prendre, et comme les peines dont il est menacé, par la loi française ne peuvent l'atteindre, puisqu'il est étranger il n'y aura aucun recours contre lui.

Du reste, pourquoi le législateur a-t-il dispensé d'inscription l'hypothèque de la femme. parce que, justement à cause de son incapacité, celle-ci ne saurait requérir son inscription en toute liberté. La même cause doit entraîner la même conséquence chez la femme étrangère. A notre avis, il eût mieux valu ne pas accorder d'hypothèque légale aux incapables, mais puisqu'on la leur accorde, il faut la leur accorder toute entière.

Ce sera donc aussi la loi de la situation des immeubles qui fixera l'étendue des biens sur lesquels doit porter l'hypothèque de la femme. Nous avons vu que d'après la loi belge de 1851, l'hypothèque de la femme est spéciale sur les biens affectés par le contrat de mariage. De même, en Italie, elle peut être limitée à certains biens par la convention matrimoniale, ou porter sur tous les biens du mari, au moment de la constitution de dot.

En France, au contraire, l'hypothèque est générale. On

suivra, pour l'hypothèque de la femme, la généralité en France, la spécialité à l'étranger. Ici encore, nous sommes en désaccord avec plusieurs auteurs, qui veulent que ce soit la loi nationale de l'incapable qui détermine l'étendue des biens, sur lesquels portera sa garantie. Nous comprenons ce système dans la théorie de ceux qui comme M. Demangeat, règlent absolument toute la matière de l'hypothèque légale par le statut personnel, et qui accordent cette hypothèque à la femme même dans les pays où elle n'existe pas. C'est une conséquence logique de leur système, que nous avons réfutée, en réfutant le système lui-même. Mais pour ceux qui admettent que l'hypothèque doit exister dans le pays de la situation de l'immeuble pour pouvoir être exercée, comment comprendre qu'on veuille substituer le domaine de l'hypothèque italienne ou belge au domaine de l'hypothèque française.

Les auteurs qui admettent cette opinion se réfèrent tous à des lois, qui restreignent la garantie nuptiale de la femme. Mais admettons que nous soyons au contraire, devant une législation qui l'élargisse, devant une législation qui la fasse, au contraire, porter sur les meubles aussi bien que sur les immeubles. Appliquera-t-on encore la loi étrangère ? Non, ici encore, on sera obligé de se retirer derrière le principe si commode de l'ordre public. Mais alors quelle loi appliquera-t-on ? La loi française ? Non, puisqu'on la repousse. La loi étrangère ? pas d'avantage. Il faudra donc s'en référer à une législation bâtarde, pour ainsi dire, réduire la loi étrangère jusqu'à la limite de la loi française, en un mot aller vers l'inconnu et l'arbitraire. N'est-il pas plus simple et plus juste de dire, comme nous l'avons annoncé dès le début de ce chapitre : l'hypothèque est de statut personnel quant à son origine, mais elle est de statut réel quant à son organisation. Or, à n'en pas douter, notre question est une question d'organisation.

Mais nous appliquerons le statut personnel, quand il s'agira de savoir quelles sont les créances garanties par l'hypothèque de la femme étrangère. Ici, en effet, c'est la loi nationale de la femme qui dit de qu'elle façon elle doit être protégée. La loi italienne, par exemple, restreint l'hypothèque à la restitution de la dot, aux gains dotaux et aux sommes dotales provenant de donations et de successions. On ne saurait, en France, étendre les créances garanties par l'hypothèque. C'est comme nous l'avons dit à la loi nationale de l'incapable, de dire quand et jusqu'à quelle mesure il doit être protégé. L'ordre public ne saurait être blessé d'une pareille mesure. Il n'y a ici aucune question d'organisation de l'hypothèque, il n'y a pas place pour l'application de l'article 3, § 2, C. civ.

Terminons-en sur cette matière, en disant que la Faculté de droit de Paris, en 1842, dans une consultation déjà citée plus haut par nous, concluait à ce qu'on reconnût l'hypothèque légale à la femme mariée, (et en général à tous les incapables), mais seulement après vérification du titre par un tribunal français et à la suite d'une publicité opérée par l'inscription.

Nous n'avons jusqu'ici parlé que de l'hypothèque légale de la femme mariée, mais tout ce que nous en avons dit doit s'appliquer à celle du mineur, de l'interdit et du fou placé dans une maison de santé. Nous ne donnerons donc aucun développement sur ces hypothèques, nous nous contenterons de passer en revue les législations étrangères sur ce point, et de nous demander comment il faut faire sur chacune l'application de nos principes.

La loi belge accorde aux mineurs une hypothèque légale sur les biens de leur tuteur, mais le conseil de famille doit fixer la somme pour laquelle il sera pris inscription sur les biens de ce tuteur; le conseil désigne en outre, les immeubles sur lesquels cette inscription devra être requise. De plus, il est tenu dans chaque justice de paix un état de toutes les tutelles ouvertes dans le canton et de tout ce qui concerne les hypothèques légales des mineurs. Un mineur français qui pourra assurément prendre hypothèque sur les biens de son tuteur situés en Belgique, les principes, nous l'avons vu, ne s'y opposent nullement, et s'y opposeraient-ils, un texte de la loi belge donne ce droit aux incapables. Mais le mineur français sera obligé de respecter les dispositions de la loi belge et il ne pourra que sur la délibération et la désignation du conseil de famille requérir son inscription. Quant au belge mineur, qui réclamerait son hypothèque légale en France, en admettant qu'on la lui accordât, il aurait une hypothèque générale et occulte; nous ne revenons pas sur ce point.

La loi espagnole va plus loin que la loi française, elle accorde une hypothèque légale non seulement au minenr et à l'interdit, mais encore à l'enfant sur les biens de ses parents, usufruitiers légaux, au prodigue contre son curateur. En même temps, elle spécialise cette hypothèque légale et déclare, qu'elle devra être inscrite. Bien entendu les Français ne pourraient pas jouir en Espagne de l'hypothèque accordée à l'enfant ou au prodigue, mais quant à l'hypothèque du mineur ils pourraient l'avoir sous cette condition de la spécialiser et de l'inscrire.

Le Code italien déclare que le mineur recevra caution de son tuteur, si celui-ci n'est pas l'aïeul paternel ou maternel (art. 292) et que dans le cas où le tuteur ne voudrait pas donner caution, il serait tenu de fournir une hypothèque légale, inscrite sur les biens désignés par le conseil de famille. (Comp. art. 292-293 et 1969 C. civ. ital). Ici encore les étrangers devront se soumettre à la loi italienne et le tuteur français pourra ou donner caution ou conférer une hypothèque spéciale et publique.

Il nous reste, pour être complet, à rechercher s'il existe des traités entre la France et les autres pays à propos de notre matière. Nous en trouvons quatre principaux.

1° Le traité du 23 septembre 1827 entre la France et la Suisse. Ce traité à pour but de régler la manière dont les Français sont reçus en Suisse et les Suisses en France quant à leurs personnes et à leurs propriétés. L'art. 1er de ce traité, sur lequel on appuie la théorie que la femme suisse a hypo-

thèque légale en France, est peu explicite, mais il est reconnu d'une manière constante par notre jurisprudence, que
cet article entraîne l'application de l'hypothèque légale des
incapables. C'est ce qui est fort bien mis en lumière dans un
arrêt de la Cour de Paris du 19 août 1851, (D. 1854, II, 13).

2° La convention entre la France et l'Espagne du 6 février 1882. (Décret du 13 mai 1882), qui ne fait que reproduire la convention consulaire du 7 janvier 1862. Dans l'art.
2 de ce traité, il est dit que les Français en Espagne et les
Espagnols en France jouiront réciproquement d'une constante et complète protection pour leurs personnes et auront
les mêmes droits (excepté les droits politiques) et les
mêmes privilèges, qui sont ou seront accordés aux nationaux, à la condition toutefois de se soumettre aux lois du
pays.

3° Le traité d'amitié, de commerce et de navigation entre
la France et la Serbie, du 18 juin 1883. (Décret du 18 juillet
1883). L'art. 4 de ce traité est la reproduction absolument
exacte de l'art. 3 de la convention entre la France et l'Espagne.

Comme on le voit, les nationaux de ces trois pays, Suisse,
Espagne, Serbie, pourront jouir en France de l'hypothèque
légale et ceci dans tous les systèmes, mais, comme il est dit
du reste expressément dans les traités, en se conformant
aux lois du pays.

Les incapables ne sont pas les seuls à qui notre loi
accorde une hypothèque légale. Certaines personnes civiles

ont, elles aussi, une hypothèque conférée par la loi. Nous trouvons parmi ces personnes, l'Etat, les communes, des établissements publics. Leur hypothèque porte sur les biens de leurs receveurs et administrateurs comptables. Certaines législations de l'Europe ont aussi admis cette garantie, d'autres comme les Pays-Bas et l'Italie l'ont repoussée. De là, grave controverse pour savoir si ces personnes jouissent en France des sûretés qui leur sont accordées dans leur pays, ou si elles doivent se les voir refuser.

Nous n'hésiterons pas sur cette question à répondre que les personnes civiles publiques étrangères ne peuvent avoir aucune hypothèque légale dans un autre pays que le leur. Ceci d'abord n'est pas douteux en ce qui concerne les pays où l'hypothèque légale n'existe pas. Ainsi ne peut-on même pas pour la question de savoir si l'Etat français a une hypothèque légale, sur les biens de ses receveurs situés en Italie ou dans les Pays-Bas. Mais nous n'admettons pas plus que cette hypothèque existe en Belgique, où la loi reproduit cependant sur ce point les dispositions de notre Code civil. Certains auteurs graves, entre autres MM. Laurent (1) et Fœlix, admettent cependant que cette hypothèque légale des personnes civiles publiques étrangères existe. Ils n'y voient que deux conditions. 1° Que la loi nationale de ces personnes la leur confère; 2° que les personnes similaires françaises aient, de par notre loi, ces mêmes droits. Ils trai-

1. Dr. civ. int. Tome VII, p. 466.

tent ces personnes comme des incapables, et appliquent ici la combinaison que nous avons faite précédemment entre le statut personnel et le statut réel. Nous ne pensons pas que cette raison soit suffisante. Nous ne voulons pas entrer dans la grave question de savoir si les personnes civiles étrangères ont oui ou non une existence réelle en France, nous nous bornerons à dire, que si nous avons reconnu l'hypothèque légale aux incapables, c'est après avoir fait nos réserves sur l'art. 11. Mais ici une raison de douter existe en plus. Ce n'est pas à cause de l'incapacité de l'Etat, des communes, des établissements publics, que la loi leur confère une hypothèque légale. Ces personnes peuvent, mieux que qui que se soit, surveiller et actionner leurs administrateurs. Si une hypothèque légale leur est conférée, c'est dans un but d'utilité public, dans un but de bonne organisation de l'Etat. Il y a là plutôt le jeu d'un droit public que d'un droit privé. Nous ne nous rangerons pas davantage aux arguments fournis par M. Fœlix, qu'à ceux rapportés par M. Laurent et surtout à la fameuse consultation de la Faculté de Leipzig, de janvier 1780, qui reconnaît en tous pays l'hypothèque légale du fisc, sous prétexte qu'il y a là un principe de droit des gens européen. Cette raison paraît aujourd'hui un peu puérile.

Pour nous résumer nous dirons donc : 1° Que les hypothèques légales ne peuvent, à moins de traités contraires, être accordées aux étrangers sous l'empire de notre Code civil actuel. 2° Que c'est l'art. 11, qui déniant aux étrangers les droits civils, les empêche de jouir de cette sûreté. Que si cet article venait à disparaître, ou était compris d'une autre manière que par nous, on devrait donner l'hypothèque légale aux incapables étrangers, à deux conditions seulement. a Que la loi nationale la leur confère. b Que cette hypothèque soit reconnue en France aux mêmes personnes. 3° Que les personnes civiles publiques étrangères ne jouissent pas en France de l'hypothèque légale organisée par notre Code civil, quand bien même leur loi nationale la leur accorderait. 4° Que l'hypothèque légale quand à son organisation et à son application est soumise à la loi française. Ajoutons enfin que les étrangers qui ont établi leur domicile en France avec l'autorisation du gouvernement, jouissant des droits civils, ont certainement l'hypothèque légale de notre pays.

CHAPITRE V.

DES HYPOTHÈQUES JUDICIAIRES.

La conséquence de la souveraineté des États et de leur indépendance est que les officiers sans les magistrats d'un État souverain, ne peuvent donner des ordres aux officiers et magistrats d'un autre. Les actes passés devant un officier public étranger, n'ont donc pas force exécutoire en France. Il en est de même des jugements. La loi française attache aux jugements rendus en France une force très grande. En vertu d'une décision judiciaire, un créancier peut prendre une hypothèque générale sur les biens de son débiteur. Mais c'est aux seuls jugements français que la loi attache ce bénéfice. Les jugements étrangers n'y participent pas ; c'est, du reste, ce que la rigueur des principes commanderait, si nous n'avions pas un texte formel. Le magistrat étranger ne pourrait pas conférer un droit réel sur un bien situé en France, il y aurait là une violation de la réalité du statut hypothécaire. Du reste, le Code civil s'est occupé de notre question et dans l'art. 2123 4°, il a posé en principe que l'hypothèque judiciaire ne résultait des jugements étrangers qu'après la participation de notre juridiction française, participation que nous allons déterminer. L'art. 2123 est ainsi conçu : « L'hypothèque ne peut pareillement résulter des jugements rendus en pays étranger, qu'autant qu'ils ont été déclarés exécutoires par un tribunal français, sans préjudice des dispositions contraires qui peuvent être dans les lois politiques ou dans les traités. » Cet article empêche toute controverse sur le point de savoir si le jugement étranger emporte de plein droit hypothèque en France. Il montre que notre Code a admis que l'hypothèque judiciaire se rapporte à la force exécutoire des jugements ; or, tout ce qui est relatif à l'exécution des droits, relève absolument et exclusivement de la loi territoriale.

Mais, si cet article évite une controverse, il en fait naître une autre. Controverse grave sur la portée des mots *déclarés exécutoires* et qui divise encore aujourd'hui la doctrine et la jurisprudence. Qu'a voulu dire le législateur, en déclarant que les tribunaux français rendraient le jugement étranger exécutoire ? Trois opinions se sont produites sur ce point.

Dans une première opinion, on admet que le juge français a le devoir de réviser tous les jugements étrangers.

Dans une seconde, on prétend que le tribunal n'a pas le droit de les réviser au fond, qu'il doit seulement examiner si on lui présente un véritable jugement rendu par les juges compétents, ne blessant aucun principe d'ordre public français.

Dans un troisième système, on distingue selon que le jugement a été rendu pour ou contre un Français. Le jugement rendu contre un étranger n'est pas revisé, le jugement rendu contre un Français l'est toujours.

Reprenons ces systèmes pour les examiner en détail ; nous dirons ensuite quelle est notre opinion. Le premier système admet la révision dans tous les cas. On fait remarquer en faveur de ce système que la loi étrangère ne peut avoir aucune efficacité en France pour la création d'un droit réel. Puis, ajoute-t-on, s'il s'agissait de donner un simple *exequatur*, un *pareatis*, pourquoi convoquer le tribunal tout entier? A quoi bon ce déplacement de la justice? Dans notre droit, ce n'est pas le tribunal entier, mais seulement le président, qui est chargé de donner aux actes leur force exécutoire. L'autorité d'un jugement étranger expire à la frontière de l'État où il a été rendu et ne peut en rien lier les tribunaux français. Ceux-ci devront donc revoir l'affaire et reviser le jugement, quant au fond. Ces arguments nous paraissent peu sérieux. A la vérité, l'autorité d'un jugement étranger n'existe que dans le pays d'où dépendent les magistrats qui l'ont rendu, en ce sens qu'on ne pourra pas l'exécuter ailleurs, mais voilà tout. Ne peut-on pas considérer le jugement comme une sentence arbitrale, à laquelle le juge donne son *exequatur*? Dans notre procédure actuelle, il est des cas où ce n'est pas le président du tribunal, qui seul donne le *pareatis*, c'est le tribunal tout entier qui homologue l'acte qu'on lui présente. Du reste, ici il y avait une raison de plus pour demander la présence du tribunal.

L'office des juges sera ici, en effet, non pas de reviser le jugement, mais bien de lui donner un simple *exequatur*. Mais ils ne devront pas le faire sur la simple présentation de l'acte, ils devront examiner si ce jugement est rendu selon les formes, par des juges compétents et surtout s'il ne blesse aucune mesure d'ordre général de notre pays. Ce dernier point peut être délicat, tous ne sont pas d'accord sur les principes d'ordre public et on comprend qu'on n'ait pas confié à un seul homme une besogne souvent aussi épineuse. Enfin, en droit, si toute justice est un acte de souveraineté, il faut donc admettre qu'il n'y a qu'un Etat qui puisse faire cet acte et que tous les autres doivent le respecter. Or, quel est l'Etat compétent? Est-ce celui du domicile du défendeur ou bien l'Etat sur le territoire duquel le défendeur a un immeuble hypothéqué? On ne sait, et on admettant ce premier système, on en arrive à des contradictions juridiques nombreuses.

C'est cependant celui qui a été adopté par une législation hypothécaire, libérale sur presque tous les autres points, la législation belge. L'art. 10 de la loi du 25 mars 1876 dit, en effet : « Les tribunaux de première instance *connaissent* des décisions rendues par les juges étrangers en matière civile et en matière commerciale. »

Dans la seconde opinion, on admet que le juge ne doit pas reviser au fond les jugements étrangers et qu'il doit simplement leur donner l'*exequatur* après avoir examiné s'ils ne blessent aucun principe d'ordre public français. Pour soutenir ce système on fait remarquer que dans l'art. 2128 il est dit : « L'exécution des jugements étrangers. » Or, si e légateur avait voulu faire reviser le jugement au fond, il n'aurait pas parlé de jugement étranger. Dans ce cas, en effet, il y aurait eu une substitution d'un jugement français au jugement étranger, et ce n'aurait été qu'en vertu d'une décision des juges français que l'hypothèque aurait été accordée.

Ce n'est pas là, la véritable pensée de la loi. Du reste, l'ancien droit, qui ici a guidé les rédacteurs du Code civil, était loin d'être dans le sens de la revision. Certains auteurs appliquaient l'ordonnance de 1629 dont nous allons parler, d'autres, au contraire, déclaraient que les juges français n'avaient droit que de donner l'*exequatur*. Parmi ceux-ci, nous rencontrons Boullenois, qui nous dit, en parlant des jugements qui donnent hypothèque, qu'ils « *doivent s'exé-* « *cuter sans nouvelle action avec un* pareatis *du grand* « *sceau* » (1). Ce système qui veut seulement que le tribunal français donne l'*exequatur*, sans revision au fond, renferme une grande part de vérité, que nous déterminerons tout à l'heure en donnant notre avis sur la question.

Enfin, dans un troisième système, on distingue si le jugement du tribunal étranger a été rendu pour ou contre un français. S'il a été rendu e faveur d'un français, il n'y a pas lieu à revision ; le tribunal doit simplement lui donner l'*exe-*

1. Boullenois. De la personnalité et de la réalité des statuts, I, p. 638.

quatur. S'il est rendu contre un Français, la juridiction française doit, au contraire, procéder à sa revision. Ce système se base sur un argument historique, sur l'ordonnance de 1629 rendue par Michel de Marillac et appelée Code Michaud. L'art. 121 de cette ordonnance dit en effet : « Les jugements rendus ès-royaumes et souverainetés étrangères pour quelque cause que ce soit, n'auront aucune exécution dans le royaume, et les sujets *contre lesquels ils seront rendus* pourront de nouveau débattre leurs droits comme entiers par-devant les officiers du royaume. »

Faut-il admettre que le Code a dans l'art. 2123, § 4, reproduit cette théorie de l'ordonnance ? De bons esprits le pensent. MM. Fœlix, Valette, Malleville, le croient. Nous ne croyons cependant pas devoir nous y rallier. Les auteurs qui défendent ce système arguent, en effet, soit de ce que l'art. 2123 a voulu reproduire l'ordonnance, soit de ce que l'art. 2123 n'a pas traité la question et que l'ordonnance doit encore être considérée comme en vigueur. Or, ces deux points me paraissent également faux. Peut-on soutenir, en effet, que l'ordonnance soit encore en vigueur, quand on discutait déjà dans l'ancien droit sa valeur et sa légalité ?

Bon nombre de parlements ne l'avaient pas admise. D'autres, comme celui de Dijon, ne l'avaient enregistrée qu'en supprimant l'art. 121, celui justement qui a trait à notre matière. D'une manière générale, on peut dire que notre ancienne jurisprudence ne l'avait pas admise au moins en ce qui touche l'autorité de la chose jugée des décisions

étrangères. Quant à la doctrine, elle était presque unanime
à considérer l'ordonnance comme lettre morte sur notre
point. Boullenois dont nous citions tout à l'heure les paroles
en faveur de l'autorité des jugements étrangers ajoute dans
le même passage : « L'ordonnance de 1629 porte à la vé-
« rité..... (ici vient la citation de l'ordonnance, art. 121).....
« Mais nous avons marqué ci-dessus ce qu'on devait pen-
« ser de cette ordonnance. » Ce n'est donc pas sur l'autorité d'un document aussi controversé qu'il faut se fonder.
Mais, en admettant même que notre ordonnance ait été
admise dans toute la France, comment dire qu'elle est
encore en vigueur après la loi du 30 ventôse an XII, qui
déclaré abrogées toutes les lois et ordonnances qui font
l'objet d'une matière traitée dans le Code civil ? Or,
notre Code civil parle de l'exécution des jugements ;
les art. 2123 C. civ. et 546 C. pr. cr. qui ne fait, du reste,
que renvoyer à l'art. 2123 C. civ. ont trait à notre matière.
La question est donc de savoir si l'art. 2123, § 4 n'est autre
chose que la reproduction de l'art. 121 de l'ordonnance de
1629. Ici encore, nous pensons qu'on ne peut assimiler ces
deux textes. Bien que la Cour de Paris, dans un arrêt du 13
mai 1830 « admette que le législateur n'a pas voulu s'écarter de l'ordonnance, » nous croyons que rien dans la lettre
de l'art. 2123 ne vient rappeler le code Michaud. Celui-ci,
en effet, dit formellement que le procès pourra être recom-
mencé, que les droits des parties resteront entiers, que
les jugements n'auront aucune autorité. Est-ce ainsi que

s'exprime notre droit civil ? Non, il dit simplement que les jugement devront être rendus exécutoires (1).

Aucun des trois systèmes que nous venons d'exposer ne nous satisfait complètement, nous devons l'avouer. Si cependant nous étions obligés de choisir, le second nous séduirait certainement plus que les deux autres. A notre avis, cependant il n'est pas large et nous ne l'adopterons qu'en le modifiant un peu. Nous croyons, qu'en effet, on peut considérer un jugement étranger comme une sentence arbitrale à laquelle le juge français est chargé de donner l'*exequatur*. La souveraineté française ne sera nullement atteinte par cette décision. Ne suffit il pas pour qu'elle soit sauvegardée que ses juges aient examiné si on leur présente un jugement ne blessant en rien l'ordre public et les bonnes mœurs ? Du reste, nos lois donnent force probante aux actes authentiques passés à l'étranger. Pourquoi ne pas en faire autant pour les jugements. De plus, il y a autorité de chose jugée ; le juge français ne peut revenir sur ce point. Jusqu'ici nous admettons le second système ; mais où nous nous en séparons, c'est lorsqu'il dit que le tribunal français n'aura que le droit d'apposer son visa au jugement, s'il a été rendu par les juges compétents et sans blesser en rien l'ordre public français. Pous nous, les jugements étrangers auront force de chose jugée dans notre pays, mais le tribu-

---

1 Voir dans le sens de ce troisième système un jugement assez récent du tribunal de la Seine, du 3 avril 1884. *Gaz. des Trib.*, 5 avril 1884.

nal ne sera pas réduit au rôle de simple bureau d'enregistrement. Il devra examiner le jugement au fond et voir s'il ne renferme rien qui blesse absolument la justice et l'équité. Il peut arriver, en effet, et c'est même là un des grands arguments des auteurs qui soutiennent le système de la revision, que les juges étrangers, par passion, favorisent leurs nationaux au détriment des Français, qu'un jugement bien que rendu selon les formes par un tribunal compétent, et ne blessant en rien l'ordre public français, paraisse cependant à première vue essentiellement injuste. Dans ce cas, les juges français refuseront l'*exequatur*. Comme on le voit notre système s'écarte à la fois de celui de la revision et celui de l'*exequatur*. Avec lui, le tribunal français ne devra pas reviser le jugement étranger, il ne devra pas substituer sa propre décision à celles des juges étrangers, mais seulement examiner le jugement quand à la forme et quant au fond. Si ce jugement lui paraît régulier et juste, il donne le *pareatis*. Dans le cas contraire, il le refuse. Le jugement a bien encore force de chose jugée, il subsiste bien, mais il est dépourvu de force exécutoire c'est-à-dire de sanction en France.

Notre système offre l'avantage immense d'être conforme à la tradition et à la lettre de l'art. 2123 § 4, C. civ. De plus, il met à l'abri des injustices étrangères les intérêts français aussi bien que le troisième système, sans faire une distinction qui n'est pas dans les textes. Enfin, il cadre assez bien avec les dispositions de nos lois civiles qui (art. 14) manifestent une certaine méfiance à l'encontre des décisions étrangères rendues à l'égard des Français (1).

Ce sera le tribunal civil qui sera chargé de donner aux jugements étrangers la force exécutoire. Cela va de soi en matière civile ; mais en matière commerciale, comment trancher la question ? Dans le système d'*exequatur* et aussi dans notre système ce sera encore le tribunal civil qui sera compétent. C'est lui qui doit assurer en France les actes d'exécution sur les biens, c'est le tribunal compétent de droit commun, qui ne saurait être écarté sans un texte qui ici fait complétement défaut. Mais si on en tient le jugement étranger comme non avenu, si on admet qu'il doit être révisé et que le tribunal français doit substituer sa décision à celle des juges étrangers, il est évident que le tribunal commercial pourra être compétent.

Une question s'est élevée sur le point de savoir si outre l'*exequatur*, les jugemeuts étrangers ne devaient pas revêtir certains autres caractères pour donner hypothèque judiciaire en France. M. Laurent n'accorde par exemple aux jugements étrangers une hypothèque en France, que si, indépendamment de la loi française, la loi du lieu où ils ont été rendus la leur confère. Ainsi il n'accorde pas l'hypothèque judiciaire en France, en vertu d'un jugement rendu par un tribunal belge, la loi hypothécaire de 1851 ayant supprimé cette hypothèque dans ce pays. On pourrait en dire autant des jugements rendus en Portugal et en Hollande, nous ne

1. Sic : MM. G. Demante et Laîné à leur cours.

pouvons admettre cette solution. Ce n'est pas du jugement étranger que la loi fait découler l'hypothèque judiciaire, c'est de l'*exequatur* donné par le tribunal français. L'hypothèque judiciaire n'est qu'une sorte de voie d'exécution relevant absolument du statut réel et obéissant en conséquence à la loi française nonobstant les dispositions des lois étrangères. C'est pour ce motif que nous déciderons qu'un jugement rendu par un tribunal grec et revêtu de l'*exequatur* d'un tribunal français donnera hypothèque en France sur les biens présents et à venir du débiteur, bien qu'en Grèce l'hypothèque judiciaire ne porte que sur les biens présents.

L'hypothèque judiciaire étant de statut réel, il va de soi qu'on ne peut la réclamer dans un pays où cette institution n'existe pas. C'est ainsi qu'un Français prétenderait vainement à cette garantie sur les biens de son débiteur situés en Belgique, quand bien même le jugement aurait été rendu en France.

Nous avons maintenant à rechercher s'il existe des traités diplomatiques qui modifient les règles que nous venons de tracer. Ces traités sont au nombre de trois :

1° La convention Franco-Sarde du 24 mars 1760.

Dans son article 22 il est dit : « De la même manière que les hypothèques établies en France par actes publics ou judiciaires sont admises devant les tribunaux de S. M. le roi de Sardaigne, on aura aussi pareil égard dans les tribunaux de France pour les hypothèques qui seront constituées à l'avenir soit par contrats publics, soit par ordonnances ou jugements dans les Etats de S. M. le roi de Sardaigne. » Remarquons d'abord que ce texte n'enlève pas aux tribunaux Français ni aux tribunaux Sardes le droit à l'*exequatur*. Il ne fait que supprimer la controverse sur la revision du jugement par le tribunal local. Mais une question s'est posée : En présence de ce texte, ne peut-on pas soutenir que l'hypothèque pourra être inscrite, avant même que l'*exequatur* ait été apposé au bas du jugement ? Nous pensons qu'il faut répondre par l'affirmative. Ce traité à pour but de conférer aux jugements comme aux actes publics, étrangers le droit de donner hypothèque. Les tribunaux des deux pays se réservent seulement le droit de vérifier s'il n'y de rien de contraire à l'ordre public, dans le jugement qui doit servir de base à l'hypothèque.

On a cependant soutenu le contraire en prétendant que l'inscription hypothécaire était un acte d'exécution, qu'on ne pouvait faire que lorsque le jugement avait été rendu exécutoire. Cette théorie a même été confirmée par un arrêt de la Cour d'Aix, du 16 décembre 1869 (D. 1871, II, 73). La base de cette théorie manque de fondement. La doctrine et la jurisprudence admettent en effet aujourd'hui, d'une manière à peu près unanime, que l'inscription hypothécaire est un acte conservatoire et non un acte d'exécution. On ne peut pas plus admettre avec l'arrêtiste qui a annoté la décision de la Cour d'Aix, que même après le traité de 1760, l'autorité de la chose jugée peut être contestée aux jugements étrangers.

Le traité n'est fait absolument que pour cela, et on ne doit pas arguer de ce qu'il est parlé des égards qu'auront les *tribunaux de France*, dans l'article 22 du traité. Il s'agit, quand on parle de ces tribunaux, non du pouvoir qu'ils auraient de changer le jugement étranger, mais seulement des actes exécutoires qu'ils pourraient prescrire ou permettre. C'est du reste, ce qui a été jugé plusieurs fois par les Cours italiennes (1).

Une déclaration du 10 septembre 1860 échangée entre la France et l'Italie, et confirmative du traité de 1760 admet que le jugement du tribunal français, ne devra porter que sur la compétence de la juridiction, et sur l'ordre public. Quand nous disons, le tribunal, nous commettons une inexactitude ; l'*exequatur*, en effet, doit-être demandé par lettres rogatoires adressées de Cours à Cours. Ces lettres sont-elles absolument nécessaires ? On a prétendu que non, et que même en leur absence, le tribunal ou plutôt la Cour française ou la Cour italienne, devait donner l'*exequatur*. On s'est basé pour soutenir cette théorie sur cette raison, qu'il n'y avait là qu'une question de formalité, peu importante, qu'un devoir de politesse, pour ainsi dire, entre une juridiction et une autre. Nous ne pensons pas que cette solution soit juste. Nous croyons, au contraire, qu'il faut appliquer le traité à la lettre, par cette raison qu'il est, comme toutes les exceptions, de stricte interprétation. Dans le cas,

1. Turin, 20 mars 1876. Jour. Clunet, 1879, p. 86. *Idem*. Cour de Modène, même journal, 1878, p. 55.

où ce seraient des parties qui viendraient demander elles-mêmes l'*exequatur*, sans que des lettres rogatoires aient été adressées d'une Cour à l'autre, on retombrait sous l'empire du droit commun, et on devrait appliquer le système général que nous avons proposé, mettant complètement de côté et regardant comme non avenus les traités de 1760 et la déclaration de 1860 (1).

2° La convention du 16 avril 1846 (étendue en 1871, à l'Alsace-Lorraine), entre la France et le grand Duché de Bade.

Cette convention porte que les jugements ou arrêts rendus en matières civile et commerciale, par les tribunaux compétents de l'un des deux Etats contractants emporteront hypothèque dans l'autre. Que pour inscrire une hypothèque judiciaire, il suffira d'une expédition légalisée du jugement et d'un acte constatant la signification.

Ce traité fait disparaître la controverse qui pourrait s'élever sur l'inscription et que nous venons de rencontrer à propos du traité franco-sarde. L'hypothèque judiciaire pourra donc être inscrite de suite, moyennant la production d'une expédition légalisée du jugement.

Mais la légalisation est-elle exigée à peine de nullité? Le tribunal de Nancy, dans un jugement du 8 janvier 1873, a pensé que la législation n'était pas nécessaire. Nous ne saurions nous ranger à son avis. C'est ici la législation

1: *Sic.* Bordeaux, 19 juin 1882, Milhaud, *op. cit.,* p. 338.

qui donne à l'acte son authenticité ; nous sommes en matière de traité, c'est-à-dire en matière exceptionnelle, nous devons donc interpréter cette exception comme toutes les autres, de la manière la plus stricte.

3° Le traité franco-suisse, du 15 juin 1869. Ce traité ne prévoit pas à la vérité l'hypothèque judiciaire ; mais il traite de la force de la chose jugée des décisions étrangères. On peut donc dire, par voie de conséquence, qu'il traite de notre matière. Le juge saisi de la demande en exécution ne doit pas reviser le jugement (art. 16 et 19). Il se contente de vérifier si ce jugement émane d'une autorité compétente, et a été rendu d'une manière légale, enfin, s'il ne blesse en rien l'ordre public français. Nous dirons donc ici comme pour les jugements italiens qu'on peut inscrire l'hypothèque avant que l'*exequatur* ait été prononcé.

Que décider des traités entre la France et l'Espagne, et la France et la Serbie, qui disposent, d'une manière générale, que les nationaux de chacun de ces pays seront traités, dans l'autre, comme les habitants eux-mêmes du pays ? Nous ne pensons pas qu'ils s'appliquent à l'hypothèque judiciaire. Nous nous trouvons ici dans une matière de réalité absolue et, de plus, dans une matière exceptionnelle, il aurait fallu un texte formel pour décider la question. Les jugements des tribunaux espagnols et serbes, seront donc soumis au droit commun.

CHAPITRE VI

DES HYPOTHÈQUES CONVENTIONNELLES.

L'hypothèque conventionnelle est l'un des plus puissants moyens de crédit que reconnaissent les législations modernes. Un créancier ne veut pas suivre la foi de son débiteur, il se défie de ses actes et a peu de confiance en lui ; ce débiteur possède des biens, des immeubles, il offre une garantie, un droit réel sur ses immeubles, et immédiatement le créancier lui procure les fonds qui lui sont nécessaires. Aussi toutes les législations reconnaissent aujourd'hui l'hypothèque conventionnelle, et celles qui ont supprimé l'hypothèque légale et l'hypothèque judiciaire, ont gardé avec fidélité la sûreté qui fait l'objet de notre chapitre. Mais ici encore les législations ont varié dans les détails ; elles n'ont pas toutes organisé la garantie de la même manière, elles l'ont comprise plus ou moins strictement, soit quant au fond, soit quant à la manière dont elle est appliquée. De là, des conflits que allons avoir à examiner.

Nous diviserons cette matière importante en trois paragraphes. Dans un premier nous nous occuperons des biens susceptibles d'hypothèque. Dans un second nous étudierons le statut des formes. Enfin dans un dernier nous nous demanderons quelles règles il faut suivre pour arriver à la réalisation ou à la cession de l'hypothèque.

§ Iᵉʳ.

Quels biens sont susceptibles d'être hypothéqués et quelles personnes peuvent donner hypothèque ?

Sur la seconde partie de notre question la réponse est facile. Il s'agit d'une question de capacité, or cette question est toujours réglée par le statut personnel. Il faudra donc consulter la loi nationale du débiteur, du constituant, pour savoir si une hypothèque a été valablement donnée. Ainsi notre code civil décide, dans son article 2124, que les hypothèques conventionnelles ne peuvent être consenties que par ceux qui sont capables d'aliéner les immeubles qu'ils y soumettent.

Un Français à l'étranger ne pourra donc hypothéquer un bien sans avoir le droit de l'aliéner. C'est en vain, pensons-nous, qu'on objecterait que l'hypothèque et sa constitution sont de statut réel, que l'art. 2124 que nous citons en est la preuve la plus frappante ; nous pensons qu'il n'y a cependant là qu'une question de capacité, que la terrioralité n'est pas en jeu. Il est vrai que l'hypothèque ne peut pas se comprendre sans la vente, que toute constitution de ce droit réel peut entraîner une vente, il n'en est pas moins vrai que c'est la loi nationale qui, permettant à un individu de contracter, déclare quelles seront les conditions de capacités requises pour que le contrat puisse se faire.

Il en est autrement de la question de savoir quels sont les biens sur lesquels peuvent porter les hypothèques conventionnelles. C'est la loi de la situation de ces biens qui détermine si oui ou non ils sont susceptibles d'être grevés de la garantie hypothécaire. Ceci ressort clairement des principes que nous avons exposés dans nos premiers chapitres et ne rencontre aucune contradiction. Pour ceux qui font reposer la réalité sur le principe d'ordre public, l'hypothèque conventionnelle est un rouage de crédit qui relève comme tout ce qui touche au crédit du statut réel. Pour nous l'hypothèque conventionnelle portant toujours sur des immeubles, sauf au cas d'hypothèque maritime, n'est autre chose qu'une réglementation de la propriété immobilière et comme telle doit tomber sous l'application de l'art. 3 § 2, c'est à-dire sous l'empire de la *lex rei sitæ*. M. Laurent dit dans ce sens : « que c'est le législateur qui décide par un motif « d'intérêt général que tels biens peuvent ou ne peuvent pas « être hypothéqués ».

D'après l'art. 2118, C civ. « sont susceptibles d'hypothèques : 1° Les biens immobiliers qui sont dans le commerce et leurs accessoires réputés immeubles ; 2° l'usufruit de ces mêmes biens et accessoires pendant le temps de sa durée. Une législation qui admettrait l'hypothèque sur les meubles, ne saurait donc être appliquée dans notre pays. En vain la loi nationale du débiteur et du créancier, reconnaîtrait cette hypothèque, on ne saurait en France grever un meuble de ce droit réel, sauf ce que nous dirons des navires dans notre chapitre suivant. Les immeubles par nature et par destination sont donc susceptibles d'hypothèque. Mais pour qu'un bien puisse être hypothéqué, il faut qu'il soit saisissable et vendable. La procédure de la saisie et de la vente tient à là procédure qui, nous l'avons dit, est de statut réel. Il y a là une preuve de plus que le statut de l'hypothèque conventionnelle est réel.

Tirons quelques conséquences de ce principe : en admettant que les autres législations reproduisent l'art. 2118 C. civ., ce sera la loi de chaque pays qui devra déterminer quels sont les biens qui sont immeubles et par suite susceptibles d'hypothèques. Ainsi la loi de 1810 a déclaré que les mines formaient une propriété immobilière distincte de celle de la surface. Une mine ne peut être exploitée sans la concession du gouvernement, et cette concession peut être accordée à un propriétaire autre que celui de la surface. Dans ce cas ce dernier a droit à une indemnité. On pourra hypothéquer soit la surface, soit la mine dans le cas où elles se trouvent séparées. Mais quant à la redevance qu'on paye au propriétaire de la surface, elle n'est pas séparément hypothécable, c'est ce que nous dit l'art. 18 de la loi de 1810.

Si une législation n'admettait pas comme la nôtre qu'une mine est un immeuble distinct de la surface, on ne pourrait comme chez nous hypothéquer la mine seule. Et il n'est pas besoin pour justifier cette solution d'invoquer comme M. Laurent la législation sur les mines et de la déclarer d'ordre public, les principes généraux que nous avons indiqués sur la réalité du régime hypothécaire y amènent nécessairement.

Le législateur français permet aussi d'hypothéquer l'usufruit des immeubles. C'est encore la législation du pays où on voudra constituer une hypothèque sur un usufruit qu'il faudra consulter pour savoir si ce droit est oui ou non susceptible d'hypothèque et dans quelles conditions.

En un mot, tout ce qui tient à la détermination des biens sur lesquels notre droit réel peut porter obéit à la *lex rei sitæ*. C'est toujours la loi territoriale, le statut réel qu'il faut envisager.

§ II

L'art. 2115 du Code civil nous dit : « L'hypothèque n'a lieu que dans les cas et suivant *les formes* autorisées par la loi. » La loi belge de 1851 qui pose le même principe que notre Code donne une définition meilleure : « L'hypothèque conventionnelle est celle qui dépend des conventions et de *la forme extérieure* des actes et des contrats. » Deux choses sont donc nécessaires pour qu'il y ait hypothèque conventionnelle, un contrat, c'est-à-dire une convention et une forme.

Ces deux choses sont liées intimement dans notre matière et obéissent au statut réel. On pourrait croire que le contrat, que la convention obéit toute entière au statut personnel. Ce serait une erreur. La capacité des parties contractantes sera bien réglée par leur loi nationale, mais il ne faut pas aller plus loin. Les parties ne sont pas libres de faire leur contrat comme elles le veulent, et si elles le faisaient il serait entièrement nul. Leur volonté pour exister doit être manifestée par un acte notarié (art. 2127 C. civ.) qui donne à notre contrat une forme solennelle d'hypothèque. La constitution d'hypothèque, est, en effet, dans notre législation française et dans bon nombre de législations étrangères, un contrat solennel. Mais d'après notre Code civil il diffère des autres actes de son espèce, en ce sens qu'il doit être fait en France et qu'il échappe à la règle *locus regit actum* appliquée pour les autres contrats solennels, par exemple, pour le contrat de mariage (art. 2128 C. civ.).

La forme authentique de l'hypothèque est donc du statut réel. La chose est indiscutable dans notre droit civil français en présence de l'art. 2128. Mais en est-il de même dans les autres législations, nous le croyons. Pour qu'il y ait hypothèque, avons-nous dit, il faut deux choses ; un contrat, une forme. Mais partout le législateur se défiant de l'entraînement que pourraient subir les individus à court d'argent, sachant avec quelle facilité ils consentiraient une hypothèque, a voulu les protéger, il a exigé la présence d'un officier public, chargé de leur rappeler la gravité de l'acte qu'ils vont accomplir. Il a subordonné le contrat à la forme même de ce contrat, et comme dit Merlin, « la forme authentique est devenue la substance de l'acte. (1) »

Les rédacteurs du Code civil français ont encore été plus loin. Ils ont, dans l'art. 2128 du C. civ., posé le principe que les contrats passés à l'étranger ne pourraient donner hypothèque sur les biens de France, à moins de dispositions contraires dans les lois politiques et dans les traités. Cet article ne peut s'expliquer par aucune bonne raison. Il a été puisé dans notre ancien droit français. Primitivement, les hypothèques naissaient par les œuvres de lois qui n'étaient autre chose que des actes judiciaires. Peu à peu, ces œuvres de loi furent remplacées par des notaires, et on admit que l'hypothèque naissait de la force exécutoire du contrat authentique. L'hypothèque alors était regardée comme une sorte de voie d'exécution. Il y avait là, il faut l'avouer, une erreur manifeste de droit qui avait passé dans la rédaction de l'ordonnance de 1629. Les contrats authentiques ne doivent pas produire hypothèque de plein droit, et c'est ce qu'a reconnu notre Code civil à la différence de certaines législations anciennes. Pour créer l'hypothèque, il faut le consentement des parties, elle naît de leur volonté. Ce droit peut être regardé comme une aliénation d'un démembrement de la propriété, elle ne saurait être regardée comme étant elle même une mesure ou un fait d'exécution. Notre Code reconnaît la validité et l'efficacité des actes passés à l'étran-

1. Merlin, *Rép.* Vᵒ *Hypothèque*, Section 1ʳᵉ, p. 5. nᵒ 2.

ger, en toute autre matière il applique la règle *locus regit actum*. Il permet d'aliéner, de contracter, de grever la propriété d'autres droits réels, dans les formes du pays où on se trouve. Pourquoi faire une exception quand il s'agit de l'hypothèque ? Ni l'intérêt français, ni l'ordre public, ne seraient blessés par une constitution d'hypothèque faite dans les formes d'un pays étranger. Il est vrai que l'hypothèque est un contrat solennel, mais ici encore notre législation applique la règle *locus regit actum*. Le mariage, le contrat de mariage et la donation peuvent être passés suivant les formes du pays où l'on contracte.

Du reste, les intérêts bien entendus de nos nationaux réclameraient eux-mêmes l'abrogation de l'art. 2128. Les personnes françaises qui sont à l'étranger et qui voudraient tirer parti pour leur crédit d'un immeuble qu'elles ont en France, ne le pourraient qu'en venant dans notre pays, ou tout ou moins qu'en donnant une procuration sur la forme de laquelle bien des discussions peuvent encore s'élever. Ne suffirait-il pas d'exiger un acte authentique dans le lieu du contrat ? Nous reviendrons tout à l'heure sur cette question.

Les chanceliers des consulats français font office de notaires, et par conséquent peuvent dresser en pays étranger des actes constitutifs d'hypothèque sur des biens situés en France, (ordonnances des 23 et 26 octobre 1833). Mais encore faut-il, pour avoir cette ressource, qu'un consulat se trouve dans le pays où on veut contracter et que les deux parties soient françaises.

Certaines conventions consulaires viennent remédier en partie aux fâcheuses dispositions de l'art. 2128. D'après ces conventions, les consuls, les chanceliers, les vices-consuls et les agents consulaires, peuvent recevoir les actes passés entre un ou plusieurs de leurs nationaux, et d'autres personnes du pays dans lequel ils résident. Ils peuvent même recevoir les actes passés entre les sujets de ce dernier pays seulement, pourvu que ces actes se rapportent exclusivement à des biens ou à des affaires à traiter sur le territoire de la nation à laquelle appartient le consul ou l'agent devant lequel ces actes sont passés. Ces actes auront la force et la valeur d'actes notariés passés en France. La convention type est celle entre la France et la Russie, conclue le 1er avril 1874, on retrouve des dispositions semblables dans les traités conclus avec l'Espagne, l'Italie, la Grèce et la République de Salvador (1).

Depuis longtemps l'abrogation de l'art. 2128 est réclamée par tous les jurisconsultes, aussi bien civilistes qu'internationalistes. En 1842, dans le rapport présenté par la Faculté de droit de Paris sur la réforme hypothécaire, on demandait que les actes étrangers pussent donner hypothèque en France. La règle *locus regit actum* aurait été appliquée. L'acte passé à l'étranger aurait servi à prendre inscription hypothécaire, mais seulement après avoir reçu du tribunal français une sorte de sanction. Le tribunal aurait prononcé sur requête si oui ou non l'acte devait être inscrit. De plus,

1. V. *Journal Clunet*, 1878, p. 132 et 1879, p. 581.

il y aurait eu comme en Allemagne ce qu'on appelle les *prénotations*, c'est-à-dire des inscriptions provisoires qui, tout en offrant une mesure suffisante de publicité, garantissent le créancier contre les hypothèques qui pourraient être consenties par son débiteur en cours d'instance devant le tribunal.

M. Valette, dans un amendement qu'il fit à la loi hypothécaire proposée en 1850, demandait que l'hypothèque pût être constituée en vertu d'un acte passé en pays étranger, pourvu que cet acte fût légalisé par les agents diplomatiques de la France et vérifié par le président du tribunal du lieu de la situation des biens.

Enfin, M. Renouard fit adopter que les contrats passés en pays étrangers dans les formes authentiques délivrées par la loi du pays, serviraient pour constituer hypothèque en France.

Nous venons de voir que le statut des formes est de droit réel ; nous avons constaté la rigueur de la législation française à cet égard, et nous nous sommes demandés quelles réformes pourraient y être apportées. Il nous reste à parcourir quelques autres législations, à voir quels principes elles appliquent et s'ils sont d'accord avec les règles que nous avons posées.

La législation belge de 1851 a modifié notre article 2128. Elle admet qu'on pourra prendre hypothèque sur des biens belges en vertu d'un contrat passé en pays étranger. Mais comme la législation française, elle demande l'authenticité de l'acte constitutif de notre droit réel. Elle va même plus loin. Sous l'empire de la législation française on discute si une procuration qui doit servir à constituer une hypothèque peut être sous seing privé et on admet généralement l'affirmative. La loi belge réclame l'authenticité de la procuration comme celle de l'acte constitutif lui-même. De plus, le président du tribunal doit vérifier les actes authentiques étrangers, dont on veut se servir pour prendre hypothèque, et y apposer son visa. Comment seront rédigés les actes authentiques en vertu desquels on réclamera une hypothèque sur un immeuble situé en Belgique? Dans la forme ordinaire des actes authentiques du pays où il aura été rédigé. Il y a ici l'application de deux statuts, le statut réel pour l'authenticité et l'application de la règle *locus regit actum* pour la forme de l'authenticité (1).

L'authenticité est rigoureusement imposée par la loi belge; ainsi, un Italien dont la loi nationale permet la constitution d'hypothèque par acte simplement sous-seing privé ne pourrait pas, en vertu d'un contrat passé dans cette forme en Italie, prendre inscription en Belgique.

Le Code civil italien a, comme nous venons de le dire, supprimé l'authenticité obligatoire. L'hypothèque peut être consentie ou par un acte public ou par un acte sous-seing privé. Les actes passés à l'étranger peuvent aussi servir à la constitution d'une hypothèque et ils n'ont besoin que de

1. Sic Laurent. Code civ. int. Tome VII, p. 492.

la légalisation (art. '1978 et 1990 C. civ. ital.). Un Français
pourra donc prendre hypothèque en Italie en vertu d'un acte
sous-seing privé passé en France. Il ne faudrait pas, s'appuyant sur la règle *locus regit actum*, prétendre que l'acte
constitutif d'hypothèque doit être authentique parce que la
loi française réclamela forme authentique. Nous l'avons dit,
la forme dans l'hypothèque est de statut réel et doit toujours
suivre la loi de la situation de l'immeuble. Ce n'est pas, en
effet, la forme authentique ou sous-seing privé qui obéit à
la règle *locus regit actum*, mais bien l'authenticité de la
forme, ce qui n'est pas la même chose.

Dans presque toutes les législations, deux choses accompagnent aujourd'hui la forme de l'hypothèque. Ce sont la
spécialité et la publicité. Ces deux caractères de l'hypothèque conventionnelle sont aussi réglés par le statut réel.
C'est, dit-on, une mesure de crédit, il faut faire connaître
aux tiers l'existence des hypothèques et les biens qu'elles
frappent.

Il y a l'application d'une loi d'intérêt public qui conduit à
déclarer le statut réel. Nous dirons qu'il y a là une réglementation à l'hypothèque, d'un droit réel immobilier et
comme telle tombant sous l'application de l'art. 3 § 2. Tirons
en quelques conséquences, au point de vue du droit international privé. L'art. 78 de la loi hypothécaire belge dispose
qu'il « n'y a d'hypothèque valable que celle qui déclare spécialement les biens sur lesquels elle est constituée. » La
loi de nos voisins n'ajoute pas comme chez nous que quand

une personne à une insuffisance d'immeuble presque constatée, elle peut hypothéquer ses biens à venir. Un Français
en Belgique ne pourrait donc jamais constituer une hypothèque sur biens présents et à venir. D'après les législations
française et belge on doit dans l'acte constitutif déclarer la
somme pour laquelle l'immeuble est engagé. Si une législation ne demandait pas cette spécialisation un national qui y
serait soumis ne pourrait inscrire une hypothèque en France
ou en Belgique sans déclarer la somme pour laquelle il l'inscrit.

L'art. 2128 après avoir posé le principe que les actes pas
sés à l'étranger ne peuvent pas donner hypothèque en
France ajoute : « S'il n'y a des dispositions contraires dans
les lois politiques ou dans les traités ».

Il n'existe pas de lois politiques sur notre matière mais
nous avons des traités. Nous rencontrons d'abord le traité
de 1760 entre la France et la Sardaigne qui nous dit: « De
la même manière que les hypothèques établies en France par
acte public sont admises dans les tribunaux de Sardaigne,
l'on aura aussi pareil égard dans les tribunaux de France
pour les hypothèques qui seront constituées à l'avenir par
contrat en Sardaigne » (art. 22).

Que faut-il voir dans cette disposition de la convention franco-italienne ? Pour nous il faut y voir simplement une dérogation à l'art. 2128 C. civ. Nous ne pouvons
aller plus loin. Certains auteurs (1) ont soutenu que cette dis-

(1) Persil sur l'art 2128 n° 4. — Delvincourt, tome III, p. 159, note 5.
Milhaud, Op. cit. p. 271 et suiv.

position faisait échec aux règles sur l'authenticité de l'acte constitutif d'hypothèque. C'est aller beaucoup trop loin. Rien ni dans la lettre ni dans l'esprit du traité ne dénote qu'on ait voulu faire échec à la territorialité du statut. Ce que donne le traité c'est une hypothèque, mais comme le dit si bien M. Paul Pont une hypothèque française qu'on ne saurait constituer que conformément aux lois françaises (1).

Le traité de 1777 donnait aux Suisses hypothèque en France pour les actes passés en Suisse et *vice-versa*. C'est du moins l'interprétation constante que la jurisprudence de notre Cour de cassation donnée à ce traité. Ceux de notre siècle et notamment le dernier du 23 février 1882 ne contenant aucune disposition qui ait dérogé à l'interprétation de ce traité, nous admettons qu'on peut le regarder encore comme applicable en ce sens.

Tous les actes passés en Suisse ou en Italie ne donneraient pas naissance à l'hypothèque en France. C'est ainsi qu'un Allemand qui contracterait en Suisse avec un Anglais ne pourrait réclamer en vertu de son contrat une hypothèque conventionnelle sur les biens que cet Anglais posséderait en France.

§ III

Les privilèges sont des droits attachés à la qualité de la

(2) Sic : Pont. Privata sint... Laurent, Dr. int. pr. tome VII, p. 492 et suiv.

créance et et qui peuvent se céder avec la créance. Quant à l'hypothèque on peut la céder, on peut aussi y subroger une autre personne. Il est même des cas où la loi subroge elle-même un créancier hypothécaire à un autre. Dans ces différentes hypothèses, quelle sera la loi à suivre ?

Avant de répondre à cette question, voyons d'abord en quelques mots par quelle loi on régira la réalisation de l'hypothèque. Nous avons dit que la vente était de l'essence du droit d'hypothèque ; mais pour pouvoir vendre un bien hypothéqué il faut suivre certaines formes, les formes tiennent toutes à la procédure et nous avons reconnu que la procédure était de statut réel. Nous devons donc en conclure que la vente et toutes les formalités qui précèdent la vente seront régies par la loi de la situation de l'immeuble hypothéqué. Quant à la collocation, au rang dans lequel arriveront les différents créanciers hypothécaires nous n'avons rien à en dire ici ; l'objet de notre étude entière à justement été de savoir quand et dans quel rang les créanciers seraient colloqués.

Quid de la cession de l'hypothèque ? Une hypothèque peut-être cédée avec la créance qu'elle garantit, mais la question de savoir si elle peut l'être sans cette créance est fortement controversée. Ce n'est pas ici le lieu de discuter cette controverse, admettons donc que la cession est possible et demandons-nous quelles seront les règles de droit applicables dans ce cas. Devra-t-on régir la cession par la loi du lieu où elle a été accomplie ou par la loi de la situation de l'immeuble hypothéqué ? Cette question ne peut pour nous faire aucun doute ; on doit apppliquer ici la règle *locus regit actum*.

Il ne s'agit plus, en effet, d'organisation de la propriété ou d'un droit réel, il s'agit d'un simple contrat, d'une cession de biens qui doit suivre les règles ordinaires. C'est ainsi que pour tout ce qui touche à la propriété, à son organisation, à ses démembrements, nous appliquerons le statut réel, tandis que nous appliquerons la règle *locus regit actum* à la transmission de la propriété et à ses différents modes.

Nous apporterons cependant une restriction à notre principe.

Quand la loi du pays où l'immeuble est situé exigera pour la cession une inscription ou une mesure quelconque de procédure, pour que cette cession soit opposable aux tiers, tous devront respecter cette loi. Il y a en effet, ici, une mesure d'ordre public que ne sauraient méconnaître les étrangers. Ainsi, la loi du 23 mars 1855, article 9, décide que : « Dans le cas où les femmes peuvent céder leur hypothèque légale ou y renoncer, cette cession ou cette renonciation, doit être fait par acte authentique, et les cessionnaires n'en sont saisis, à l'égard des tiers, que par l'inscription de cette hypothèque, prise à leur profit, par la mention de la subrogation en marge de la subrogation préexistante. » — La cession de l'hypothèque de la femme pourra donc être faite selon la loi du pays où cette cession sera opérée, mais elle n'aura de valeur en France, à l'égard des tiers, que si elle a été faite par un acte authentique, et mentionnée en marge sur les registres du conservateur des hypothèques.

Cette disposition de la loi de 1855, s'applique-t-elle aux autres hypothèques légales, et même aux hypothèques conventionnelles. Nous ne le pensons pas, c'est une règle exceptionnelle qui comme telle doit être interprétée dans son sens le plus strict.

Comment s'opérera la subrogation à une hypothèque ? Ici encore, il faut distinguer entre la subrogation légale et la subrogation conventionnelle. La subrogation légale aura lieu selon les règles de la situation de l'immeuble, la subrogation conventionnelle suivra, au contraire, la règle *locus regit actum*. En effet, dans un cas, nous avons une qualité attachée à une créance, un véritable droit de préférence, qui ne saurait être régi comme tous les droits de préférence, que par la loi de situation de l'immeuble. Qu'on ne dise pas que la loi n'a fait ici qu'interpréter la volonté des parties ! La meilleure preuve du contraire est qu'elle soumet cette subrogation à des formes quasi-solennelles dont il est impossible de s'écarter.

Quant à la subrogation conventionnelle, il n'en est pas de même. Il n'y a ici qu'une véritable transmission de droit, c'est pour ainsi dire une cession qui doit être régie par la loi du contrat. Cette règle souffre une exception. C'est au cas où, comme la loi française, la législation requiert un acte authentique pour la subrogation.

La législation italienne, par exemple, ne réclame aucun acte notarié. On ne pourrait pas se prévaloir sur un immeuble situé en France, d'une subrogation faite en Italie par un acte sous-seing privé. Nous ne sommes pas ici d'accord avec les auteurs (1), qui veulent malgré tout appliquer la règle *locus regit actum*. Mais notre solution nous est commandée par les principes que nous avons admis. Tout ce qui touche à l'authenticité de l'hypothèque est de statut réel, il faut appliquer la loi territoriale. Or, ici, à n'en pas douter, nous avons une des parties de l'organisation hypothécaire.

1. Fiore, *Droit int. priv.*, n° 301 et suiv.

CHAPITRE VII

DES PRIVILÈGES ET DES HYPOTHÈQUES MARITIMES.

Nous avons vu qu'en droit français, les meubles ne peuvent pas être hypothéqués. Il est cependant une catégorie de biens mobiliers qui échappent à cette règle, ce sont les navires. Longtemps notre législation refusa aux navires comme aux autres meubles, la facilité d'être hypothéqués, mais une loi du 10 décembre 1874 a créé l'hypothèque maritime, et a déclaré qu'à l'avenir, les navires d'au moins vingt tonnes, seraient susceptibles d'hypothèque. Cette loi n'est plus en vigueur aujourd'hui, elle a été remplacée par celle du 10 juillet 1885 qui l'abroge tout en en reproduisant la plus grande partie. Un grand nombre de législations de l'Europe ont précédé ou suivi la notre et admis le droit hypothécaire sur les navires. De plus les navires sont comme les autres meubles susceptibles de privilèges. Certaines créances peuvent être privilégiées sur ces biens. Notre étude ne serait pas complète si nous ne traitions pas des différentes questions qui se rattachent, soit aux privilèges, soit aux hypothèques maritimes ; nous allons donc parcourir les différentes questions que ces droits soulèvent. Elles sont au plus haut point intéressantes ; elles ont divisé en deux camps bien tranchés la doctrine et la jurisprudence, celle-ci leur appliquant les règles de droit commun, celle-là les traitant avec raison comme une matière exceptionnelle.

Les navires sont des meubles. L'article 190 C. com., le dit formellement, mais il faut le reconnaître de suite, des meubles d'une nature particulière et qui sont traités le plus souvent par la loi comme de véritables immeubles. Attachons-nous donc à déterminer les caractères de ces meubles, car lorsque nous les aurons reconnus, nous nous en servirons pour appuyer notre théorie, qui n'est autre que celle presqu'unanimement adoptée par la doctrine actuelle.

Il faudrait se garder d'assimiler les navires aux autres biens mobiliers ; ils ont une nature différente qui les rapproche beaucoup des immeubles. Et d'abord ils sont susceptibles d'hypothèque. Puis, ce qui n'a jamais lieu ni pour les meubles ni même pour les immeubles, les créanciers chirographaires ont sur eux un droit de suite. On écarte les règles du Code civil contenues dans les art. 2279, 2129 « *En fait de meubles la possession vaut titre,* » et « les meubles n'ont pas de suite par hypothèque. » La jurisprudence est constante sur ce point (1) Enfin, et c'est sur ce caractère qu'il faut insister les navires ont une personnalité, un état civil. Ils sont immatriculés à leur port d'attache, et selon l'expression d'un de nos savants maîtres (2) ils possèdent

1. Voir Cass., 19 juin (?) 1870, S. 71, 1, 145.
2. M. Rataud à son cours.

un *véritable domicile*. De tous ces caractères on peut conclure que les navires se rapprochent beaucoup plus des immeubles que des meubles, qu'ils forment pour ainsi dire une classe à part de biens, et que malgré la qualification qui leur est donnée par le Code de commerce, il ne faudra pas toujours les traiter comme des meubles.

Des conflits de loi peuvent en effet s'élever à propos des navires. Ceux-ci ont une nationalité, celle du pays où ils sont immatriculés et dont ils portent le pavillon. Or, il arrive aujourd'hui, très fréquemment, qu'un navire, portant pavillon étranger, entre dans les eaux d'un Etat souverain. Des droits réels peuvent grever ce navire ; quelle loi appliquera-t-on dans ce cas ? La loi commune, c'est-à-dire la loi du pays dans les eaux duquel le bâtiment se trouve, ou la loi nationale du navire, la loi du pavillon ?

La jurisprudence française est presque unanime à appliquer le droit commun. Son raisonnement repose sur l'art. 190 C. com. qui donne au navire un caractère mobilier. Puisque c'est un meuble, disent nos cours, nous lui appliquerons la règle générale des meubles, c'est-à-dire la *lex rei sitæ*. Le navire suivra donc toujours la loi du pays dans les eaux duquel il se trouve, la loi de son pavillon ne lui sera applicable que dans son pays ou en pleine mer. La doctrine, au contraire, admet généralement que c'est la loi du pavillon qui doit l'emporter sur celle des eaux dans lesquelles séjourne le bâtiment. Nous partageons absolument son avis.

Commençons par constater que la doctrine de la juris-prudence française est complètement défavorable au crédit maritime, bien que bon nombre de ses arrêts s'appuient sur l'intérêt des tiers auxquels on doit protection. Un navire est appelé avec les nécessités actuelles du commerce à relâ-cher dans bien des ports, à séjourner dans les eaux de bien des Etats différents. Si chaque fois que ce navire change de port, il se trouve aussi changer de loi, quelle sera la sécurité des créanciers, comment ceux-ci pourront-ils être certains dans le cas de saisie et de vente du navire d'être colloqués en rang utile ; sous l'empire de quelle loi auront-ils contracté ? Mais outre cet argument d'utilité il y a des raisons juridiques qui nous poussent à conclure que c'est la loi du pavillon qui est toujours applicable aux navires.

La jurisprudence assimile complètement les navires aux autres biens mobiliers ; c'est là son point départ qui nous semble erroné. Nous avons vu quelle différence il fallait faire entre un meuble ordinaire et un navire en général. Dans le point particulier qui nous occupe la différence est encore plus grande. Si on applique aux meubles la règle *lex rei sitæ*, c'est qu'ils n'ont aucune assiette fixe, qu'ils peuvent d'un moment à l'autre être transportés avec une extrême facilité d'une nation dans la voisine. Mais il n'en est pas ainsi des navires. Ils ont, comme nous l'avons vu, leur domicile fixe ; leur assiette est certaine, on peut toujours être sûr de les retrouver. Il vaut donc beaucoup mieux, tant au point de vue théorique qu'au point de vue pratique, leur appliquer une seule et même loi. Du reste, en accordant le droit d'hypothèque sur les navires, la loi ne les a-t-elle pas en quelque sortes immobilisés à notre point de vue. Ne leur a-t-elle pas donné le véritable caractère d'immeubles qu'ils avaient, du reste, déjà auparavant?

Il faut l'avouer cependant notre doctrine n'est pas universellement adoptée. Outre la jurisprudence, qui, d'une manière quasi-constante, s'obstine à la repousser, un parti dans la doctrine refuse de l'admettre. Ses représentants sont surtout MM. Desjardins, Laurent et Brocher. Pour les deux premiers c'est toujours la *lex rei sitœ* qu'il faudrait appliquer. Tous deux ils se basent sur la nature mobilière du navire et sur l'art. 190 du C. de com. mais ce qu'il y a de plus bizarre c'est que le jurisconsulte belge a su parfaitement mettre en lumière les différences entre les navires et les biens ordinaires et qu'il critique des décisions judiciaires qui font l'application de sa théorie. Quant à M. Brocher il fait une distinction entre les privilèges et les hypothèques, et pour ces dernières seules il applique la loi du pavillon, encore avec bien des distinctions. Il nous est impossible d'admettre les solutions de ces éminents jurisconsultes. Nous ne saurions trop le répéter, l'hypothèque est un bien d'une nature spéciale et comme nous nous trouvons en matière de droit international privé, c'est-à-dire sur un terrain où la doctrine a le plus souvent une grande part, nous appliquerons les règles qui nous semblent le plus conformes non seulement à la raison, mais encore à la justice.

Nous poserons donc comme règle générale, nous pourrions presque dire immuable : La loi du pavillon régit la matière des privilèges et des hypothèques lorsqu'il s'agit de navires. Une seule dérogation pourrait être apportée à notre principes, c'est dans le cas où la dite loi blesserait l'ordre public du pays dans les eaux duquel se trouve le bâtiment sur lequel on veut exercer le privilège ou l'hypothèque.

L'application de la loi du pavillon remédie en partie aux inconvénients de la diversité des législations. Avec elle plus de conflit possible : un navire suivra toujours une loi unique, ses droits seront fixés par une législation uniforme. Mais par contre nous allons rencontrer dans notre système un certain désavantage. Les juges d'un pays seront absolument forcés de connaître toutes les législations. On ne peut pas admettre, en effet, que des juges français se déclarent incompétents dans une question de droit maritime quand le navire sur lequel portent les droits qu'on veut exercer se trouve dans un port français. Nos tribunaux seront donc forcés d'appliquer la loi étrangère, que, le plus souvent, ils ne connaîtront pas. N'en est-il pas de même quand en France il s'agit d'une question de capacité à propos d'un étranger ? Non assurément car alors nos juges se déclarent incompétents et renvoient les parties devant les juridictions de leurs pays. Les questions d'Etat et de capacité ne sont pas jugées par nos tribunaux.

Appliquons maintenant notre principe, d'abord aux privilèges, ensuite aux hypothèques.

Privilèges. Les différentes législations accordent des privilèges particuliers sur les navires, mais ces privilèges ne sont pas toujours les mêmes. Avec les législation ils varient, ils existent ou n'existent pas ; ils ont plus ou moins d'étendue. C'est ainsi qu'en Grèce nous trouvons un privilège sur le navire attaché à la créance du prêt à la grosse, quand ce prêt est même antérieur au départ. Ce privilège que les anciens grecs connaissaient déjà et que les orateurs nous rappellent souvent, n'existe plus chez nous depuis la loi du 10 décembre 1874 (art. 27), dont la disposition a été reproduite par la loi du 10 juillet 1885. Supposons donc un navire grec saisi et vendu dans le port de Marseille. Quelle loi appliquera-t-on lors du règlement de l'ordre ? Le créancier qui a prêté à la grosse avant le départ sera-t-il colloqué à son rang, en vertu de son privilège selon la loi grecque, ou viendra-t-il simplement comme créancier ordinaire, en vertu de la loi française ? D'après les principes que nous avons émis nous n'hésiterons pas un seul instant à appliquer la loi grecque et à donner le privilège. C'est à la loi du pavillon qu'il faut en effet se reporter, pour savoir si tel ou tel privilège existe (1).

Nous admettons encore la même règle en vertu du même raisonnement, en ce qui concerne le classement des privi-

1. Contra, dans une espèce absolument semblable, Trib. de com. de Marseille, 8 avril 1876. Voir cependant des particularités de ce jugement dans la remarquable étude de notre éminent maître M. Lyon-Caen sur le Droit international privé maritime, p. 31.

lèges. Ce sera la loi du pavillon qu'il faudra appliquer pour faire ce classement. Le classement n'est en effet qu'une manière d'exercer le droit de préférence qui, nous l'avons dit, est soumis à la loi du pavillon. Nous n'insisterons pas sur ce point, et sur les conséquences qui peuvent en découler. M. Lyon-Caen a, dans ses Etudes de droit international privé maritime, parfaitement mis en lumière celles que concerne la prime d'assurance (pages 31 et 32).

Les privilèges maritimes se conservent de différentes façons, et doivent être prouvés d'une manière particulière dans les diverses législations. Dans le cas où il y a conflit entre la loi du pavillon et la loi du pays, à propos de cette preuve, quelle sera la loi applicable? Toujours celle du pavillon. Bien que notre décision soit une des plus critiquées sous l'empire de notre Code de commerce, qui dans les art. 192 et 234 vise une hypothèse absolument particulière, elle est facile à justifier. Comment en effet les créanciers privilégiés, pourraient ils connaître les différentes lois et les différentes manières de preuve? Quelle serait pour eux la sécurité, car le bâtiment sur lequel porte leur créance peut être saisi dans les ports les plus différents. Nous admettrons donc que le créancier peut prouver son privilège, sur un navire qui se trouve dans les eaux françaises, selon les moyens indiqués par la loi dont ce navire porte le pavillon.

C'est encore la même loi que nous appliquerons en matière d'extinction des privilèges. Les causes pour lesquelles le droit que nous examinons disparaît sont multiples, mais chaque législation ne les comprend pas de la même manière. C'est ainsi que notre Code de commerce admet l'extinction des privilèges, dans les mêmes cas que le droit de suite des créanciers chirographaires, c'est-à-dire, dans les cas de vente forcée, et de vente volontaire après un voyage fait au nom et aux risques de l'acquéreur. La loi belge, au contraire, fait dépendre l'extinction de la transcription et de la publication d'une certaine manière de l'acte de vente. Le Code italien admet que le droit de suite est éteint au bout de trois mois. A laquelle de ces législations obéira-t-on ? Si on admettait le principe de la *lex rei sitæ*, on voit à quelles conséquences on aboutirait. On verrait par exemple un navire grec abordant le port de Gênes se trouvant déchargé du privilège, lequel renaîtrait lorsque ledit navire rentrerait dans les eaux françaises, pour disparaître encore en arrivant à Anvers ! Ne vaut-il pas mieux admettre une législation uniforme, la même dans tous les cas, et dire, ce qui sera notre conclusion, les privilèges sur les navires naissent, se conservent, s'éteignent selon la loi du pavillon.

Hypothèques. — C'est encore par la loi du pavillon que les hypothèques maritimes doivent être régies. Tel est le principe que nous avons posé. Nous allons voir maintenant les objections qu'on peut y faire et les applications dont il est susceptible. Nous rangerons nos explications sous deux chefs. Dans un premier, nous nous demanderons quand l'hypothèque maritime peut exister. Dans le second, nous rechercherons quelles sont les conditions de validité de cette hypothèque.

I. — Pour que l'hypothèque maritime puisse exister sur un navire, il faut que la loi dont ce bâtiment porte le pavillon reconnaisse l'hypothèque maritime. Mais cette condition est la seule nécessaire, pour qu'en principe notre garantie existe. Ainsi avant la loi de 1874, aucun navire portant pavillon français n'était susceptible d'hypothèque maritime, dans quelque port qu'il se trouvât, aurait-il été dans les eaux d'une nation qui admettait le droit que nous étudions en ce moment. A l'inverse, le bâtiment portant le pavillon d'une nation qui admettait l'hypothèque maritime, était susceptible de cette hypothèque, quand même il se trouvait dans les eaux françaises. La jurisprudence française (1), était cependant en sens contraire, elle s'appuyait toujours sur la fausse assimilation dont nous avons parlé, des meubles ordinaires et des navires. Nous ne voulons pas recommencer la réfutation que nous avons présentée plus haut; contentons-nous d'admettre la loi du pavillon, en faisant observer qu'elle est indispensable au crédit en matière maritime.

L'hypothèque maritime est admise aujourd'hui dans un grand nombre de pays. L'Angleterre, l'Allemagne, la Belgique, la Grèce, ont vu leurs législateurs la consacrer (1). La loi française, qui lui a donné naissance, est du 10 décem-

1. Caen, 12 juillet 1870. S. 71, II, 57.
1. L'Italie admet aussi l'hypothèque maritime. Mais dans ce pays, pour ne pas faire échec au principe, que les meubles ne peuvent être hypothéqués, on a dans la loi mis de côté l'expression d'hypothèque, pour la remplacer par celle de gage maritime, *Pegno maritimo*.

bre 1874. Mais tous les pays n'ont pas organisé de la même manière l'hypothèque sur leurs bâtiments. C'est ainsi que la France ne permet l'hypothèque que sur un navire de 20 tonneaux au moins, art. 36, loi du 10 juillet 1885, reproduisant l'art. 29 de la loi de 1874. La législation de 1874 admettait l'hypothèque maritime en cours de voyage. La loi du 10 juillet 1885 n'a pas reproduit cette disposition de la loi précédente, qui se trouve ainsi abrogée. Mais d'autres pays ont admis cette hypothèse. Ce sera la loi du pavillon qu'il faudra consulter pour savoir si tel ou tel navire a été valablement hypothéqué en cours de route, tandis que la Belgique admet ce droit sur tous les bâtiments indistinctement. En cas de conflit, quelle loi suivra-t-on? Ce sera la loi du pavillon qui sera applicable. C'est elle qui doit régler non seulement la naissance de l'hypothèque, mais encore tous ses effets.

Un navire belge, de quelque contenance qu'il soit, pourra donc se voir grever d'une hypothèque, et cette hypothèque vaudra dans un port français aussi bien que dans un port belge. A l'inverse, un navire français aurait beau se trouver dans les eaux belges, on ne pourrait exercer sur lui aucune hypothèque, s'il ne jaugeait pas au moins 20 tonneaux.

C'est la loi du pavillon qui réglera les effets de l'hypothèque maritime. Les effets peuvent ne pas être les mêmes dans toutes les législations. C'est ce qui arrive en cas d'assurance du navire. D'après le droit commun français, lorsqu'une chose assurée périt, l'indemnité qui est accordée au propriétaire n'est pas regardée comme la représentation de l'objet, elle ne lui est pas subrogée et les créanciers privilégiés sur la chose ne peuvent exercer leur privilège sur la somme servant d'indemnité. C'est ainsi que le créancier hypothécaire d'une maison n'exercera pas son droit de préférence sur la somme versée par la compagnie d'assurance, en cas d'incendie de la maison. La législation française de 1874 avait apporté une exception à cette règle pour les assurances maritimes. En cas de perte ou d'innavigabilité du navire, l'indemnité était considérée comme subrogée à la créance. En Angleterre, il n'en est pas de même et le créancier hypothécaire n'a droit à la subrogation que dans le cas ou il l'a fait consentir par un acte formel et par avance. Un conflit pouvait donc s'élever sous l'empire de la législation de 1874, entre les lois française et anglaise. On aurait appliqué la loi de la Grande-Bretagne aux navires qui portent son pavillon, et la loi française à ceux qui ont le pavillon français. Le créancier d'un navire de notre pays aurait donc pu réclamer l'indemnité d'assurance en cas d'innavigabilité, quand bien même le navire se trouverait dans le port anglais.

Mais la loi de 1885 est revenue au droit commun en ne reproduisant pas l'art. 17 de la législation de 1874. Aucun conflit ne peut donc plus s'élever de ce chef entre les lois française et anglaise. Mais ce conflit peut exister entre notre législation et celle de la Belgique. Ce dernier pays, dans une loi du 21 août 1879, art. 149, a en effet admis le principe de la subrogation du créancier hypothécaire à l'indemnité d'assurance en cas de perte ou d'innavigabilité du navire. Ce conflit sera tranché, comme nous venons de le dire, par la loi du pavillon.

II. Nous appliquerons également la loi du pavillon aux conditions de validité de l'hypothèque maritime. Nous avons vu que l'hypothèque ordinaire exige pour sa constitution certaines formes. Il en est de même pour l'hypothèque maritime, bien que ses formes soient moins solennelles et moins compliquées. C'est dans la forme prescrite par la loi du pavillon que l'hypothèque maritime doit être consentie et une fois cette formalité accomplie, l'hypothèque existe dans tous les ports, même dans ceux qui auraient une législation des plus contraires.

N'allons-nous pas rencontrer ici l'application de l'art. 2128, qui déclare que les contrats passés à l'étranger ne peuvent donner hypothèque sur les biens de France? On a soutenu que cet article était applicable même à l'hypothèque des navires.

On a argué du silence de la loi de 1874. Un arrêt de la Cour d'Aix, du 22 mai 1876, avait appliqué cet article à l'assurance d'un navire grec. La Cour de cassation a fait bonne justice en cassant cet arrêt le 25 novembre 1879. A côté de l'opinion qui prétend appliquer toujours l'art. 2128, il s'en est élevé une autre plus restreinte, mais qu'elle aussi prétend refuser à certains navires l'hypothèque en vertu d'actes passés à l'étranger. Les navires étrangers, dit-elle, peuvent être considérés comme une partie du territoire dont ils portent le pavillon. Qu'on les hypothèque selon les règles de leur loi nationale rien de mieux, mais quant aux navires français ils sont une partie du territoire français, ils doivent suivre les règles de notre Code civil. Nous allons montrer que cette opinion est erronée, en justifiant la théorie que nous avons admise à savoir que la loi du pavillon règle les formes de l'hypothèque maritime, en quelque lieu que se trouve le navire.

On ne saurait parler de l'art. 2128 en ce qui concerne l'hypothèque maritime. Cet article est dans nos lois une disposition exceptionnelle, une anomalie qui doit être interprétée le plus strictement possible. Lorsque le législateur de 1804 l'inscrivit dans notre droit civil, il fut guidé par une fausse interprétation historique. Il fit découler l'hypothèque de la force exécutoire des actes authentiques reçus par les officiers français, tandis que d'après les principes, l'hypothèque découle, chez nous, de la convention. Mais peut-on admettre que l'hypothèque maritime naît de la force exécutoire d'un acte, quand on peut la constituer par acte sous-seing privé? Mais quels biens le législateur a-t-il eu en vue? Ce ne sont certes pas les navires. A l'époque où le Code était rédigé, on était loin de se douter de ce que serait plus tard le commerce international, on ne pouvait penser à l'hypothèque sur les navires. Puis la loi de 1874 est venue organiser cette garantie. Il est vrai, elle est muette sur notre question, mais son silence ne saurait être interprété dans le sens d'une consécration du Code civil. Certains de ses articles, en effet, reproduisent textuellement ceux de notre Code (l'art. 13, par exemple, reproduit l'art. 2151), c'est donc qu'elle a voulu écarter l'application du droit civil en notre matière pour en revenir au droit commun sur les points qu'elle n'a pas traités. Or, l'art. 2128 ne peut être regardé comme le droit commun. Enfin, l'art. 2 de la loi de 1874 est ainsi conçu : « Le contrat par lequel l'hypothèque maritime sera consentie doit être rédigé par écrit, il peut être fait par acte sous-seing privé. » Cet article n'est-il pas l'abrogation tacite de l'art. 2128 C. civ.? C'est de l'authenticité de l'acte que celui-ci fait découler sa règle et voilà qu'on supprime l'authenticité. *Cessante causa cessat effectus.* N'y aurait-il pas d'autre raison, que celle-là seule serait suffisante pour faire écarter l'application de l'article 2128. Mais que dire de cet article quand on voit les troubles qu'il apporterait au commerce maritime, les défiances qu'il ferait naître contre nous?

C'est donc les formalités prescrites par la loi du pavillon qu'il faudra appliquer. Nous déclarerons donc valable l'hypothèque constituée d'après la loi française sur un navire français dans quelque port que se trouve ce navire. Ainsi, il suffira que l'hypothèque consentie par acte sous signature privée ait été inscrite sur le registre du receveur principal des douanes du port d'attache, et que mention de l'inscription ait été faite au dos de l'acte de francisation. De même, un navire hypothéqué selon les formes de son pays, se trouve-

rait valablement grevé de l'hypothèque dans un port français (1).

Comme conséquence de ces principes il faut admettre que
l'hypothèque grève le navire sans qu'il soit besoin que l'acte
de constitution ait été déclaré valable par les tribunaux
français. Ceux-ci, en effet, n'ont pas à intervenir, puisque
l'acte est valablement constitué. Le créancier peut se faire
colloquer sans avoir besoin de faire légaliser son acte par
les officiers publics français. Ce serait, en effet, retomber
pour ainsi dire dans l'application du Code civil que nous
avons écartée.

Mais si le créancier veut faire saisir et vendre le navire,
il lui faudra un titre exécutoire. Les officiers français n'ayant
pas ici compétence pour rendre ce titre exécutoire, il devra
se pourvoir devant la justice de notre pays pour obtenir un
jugement de condamnation contre son débiteur, saisir et
vendre en vertu de ce jugement. On ne pourrait pas ici appliquer les art. 2123 C. civ. et 546 C. pr. civ. (2).

Ce sera la loi du pavillon qui réglera le rang des hypothèques maritimes. Ce rang dépend de l'inscription qui elle-
même, nous venons de le voir, obéit à la loi du pavillon.

Enfin, les hypothèques maritimes s'éteindront aussi selon
la loi de leur pays. Comme on le voit, en matière d'hypothèque maritime, comme en matière de privilège sur les na-

1. Contrà. Laurent. Droit civ. int. Tome VII, p. 391. — Sic. Cass.,
25 nov. 1879.
2. Sic Cass., 11 mai 1881, Journal Clunet 1881, p. 428.

vires, c'est toujours la loi du pavillon qu'il faut appliquer. La saine interprétation des textes aussi bien que les besoins du commerce commandent impérieusement cette solution.

C'est, du reste, celle qui a été adoptée par le congrès d'Anvers de l'année dernière. Une grande discussion s'éleva sur le point de savoir quelle loi il fallait appliquer dans le cas de conflit entre différentes législations, en droit maritime. Notre maître, M. Lyon-Caen, soutenait que la loi du pavillon devait toujours être applicable. Sur plusieurs points il fut battu, mais il triompha presque sans résistance sur notre question, et dans sa séance du 29 septembre (1885), le congrès vota, à l'unanimité moins une voix, la conclusion suivante : *En cas de contestation sur les privilèges, l'hypothèque ou le nantissement, on suivra la loi du pavillon.*

POSITIONS

En Egypte, la constitution de gage se faisait par un écrit pour argent (Écrit de Sanch) et sa réalisation par un écrit de cession (Ecrit de Ti-oui).

Droit romain.

I. L'hypothèque romaine n'a pas son origine dans le droit grec.

II. Quand les créanciers avaient reçu simultanément des hypothèques *in solidum*, ils étaient colloqués pour une part proportionnelle à leur créance et non pas chacun pour une part virile.

III. Les jurisconsultes romains n'ont pas donné de théorie générale sur le rang des hypothèques constituées sur biens à venir. C'était au magistrat à fixer leur rang lors de la distribution des deniers.

IV. L'empereur Léon dans sa constitution de 491 (Code de Justinien 11-VIII-18) n'a pas créé une hypothèque privilégiée.

Droit français.

I. L'art. 2 § 2 du Code civil n'est autre chose que la con-sécration des principes de l'ancien droit sur la théorie du statut réel.

II. En principe, les incapables étrangers n'ont pas en France l'hypothèque légale.

III. S'il était admis que les incapables étrangers peuvent avoir hypothèque légale sur les biens situés en France, cette hypothèque pourrait être opposée aux tiers, indépendamment de toute prescription, dans les termes des articles 2135 du Code civil et 3 de la loi du 23 mars 1855.

IV. L'article 2128 du Code civil ne s'applique pas à l'hypothèque maritime.

V. L'hypothèque maritime est régie par la loi du pavillon, au point de vue de sa constitution, des formalités de publi-cité, des effets qu'elle produit.

II. POSITIONS PRISES EN DEHORS DE LA THÈSE.

Droit romain.

I. Le concubinat en droit romain était une union légale.

II. Dans le système des Institutes (Liv. II, Tit. 12) le *pater familias* recueille *jure peculii* et non *jure hereditario* le pecule castrense de son fils décédé *ab intestat*.

III. L'action publicienne n'appartient qu'à celui qui avait eu la chose réclamée en sa possession.

IV. Le seul non-usage de l'usufruitier suffirait même au temps de Justinien pour éteindre l'usufruit.

Droit civil français.

I. La communauté conjugale ne constitue pas une personne morale.

II. L'hypothèque de la femme doit, pour conserver le rang accordé par la loi, être inscrite dans le délai prévu par l'art. 8 de la loi du 23 mars 1855, alors même que le mariage a été dissous par la mort de la femme et que celle-ci a laissé des enfants mineurs placés sous la tutelle du mari.

III. La procuration à l'effet de faire une donation doit être rédigée en minute, elle ne peut être reçue en brevet.

IV. La règle *habilis ad nuptias, habilis ad pacta nuptialia* n'est pas admise par notre droit civil actuel.

V. La responsabilité édiétée pas l'art. 1792 du Code civil n'atteint pas l'entrepreneur qui a exécuté un plan imposé par le propriétaire.

Droit pénal.

I. Le crime ou le délit commis sous l'empire de la suggestion hypnotique n'est pas punissable.

II. Le crime commis sous l'empire de l'ivresse n'est pas punissable, quand bien même l'agent se serait enivré pour commettre l'acte délictueux.

Droit constitutionnel.

I. Le Sénat a le droit de rétablir un crédit supprimé par la Chambre des députés.

II. Le pouvoir judiciaire n'est pas une branche du pouvoir exécutif.

vu par
le président de la thèse :
Lyon Caen.

vu par
le doyen de la Faculté :
Ch. Beudant.

Vu et permis d'imprimer :
Le vice-recteur de l'Académie de Paris :
Gréard.

Imprimerie des Écoles, Henri JOUVE, 23, rue Racine, Paris.

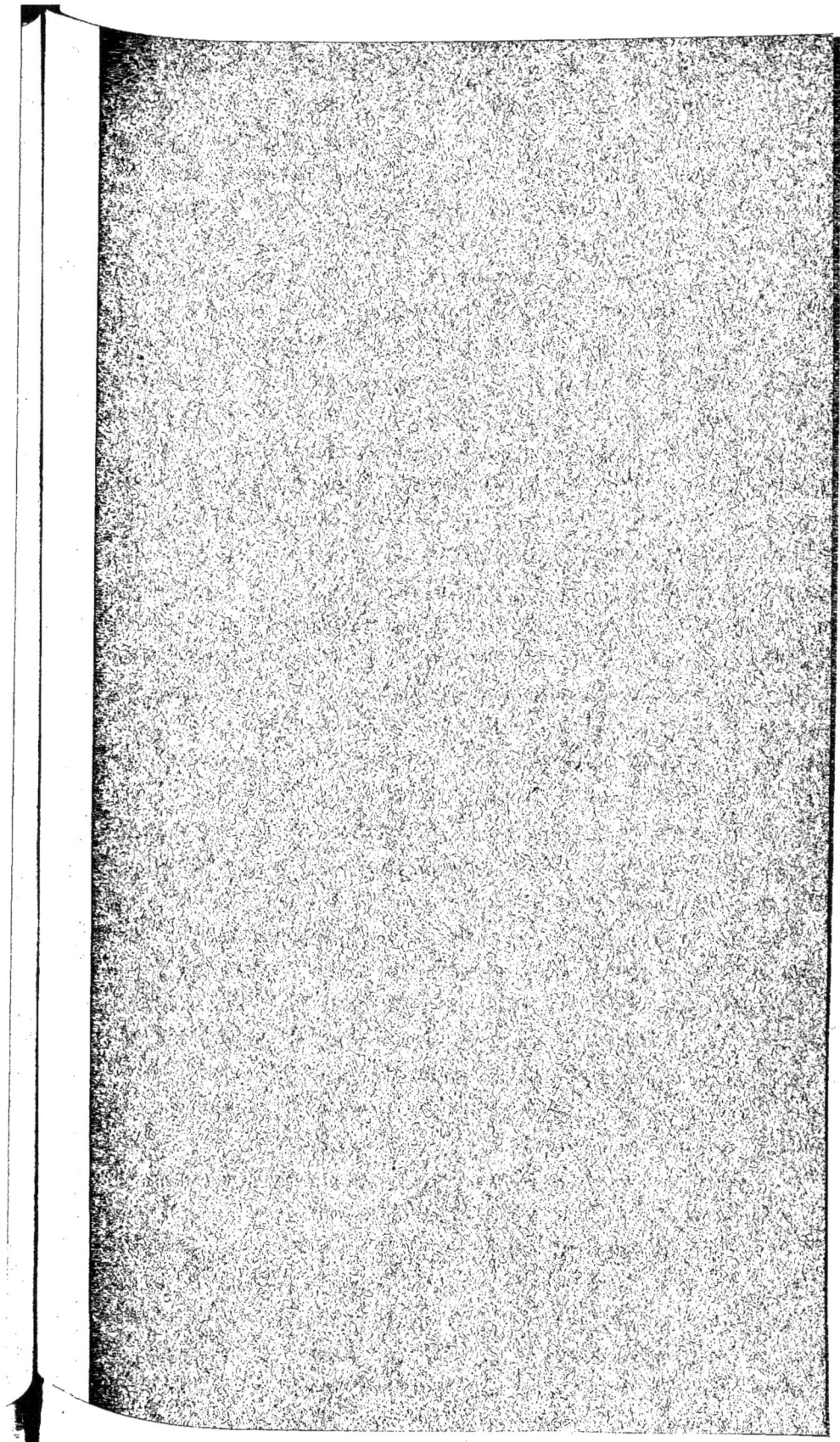

Imprimerie des Écoles, Henri JOUVE, 23, Rue Racine, Paris.

www.ingramcontent.com/pod-product-compliance
Lightning Source LLC
Chambersburg PA
CBHW071638200326
41519CB00012BA/2342